Martina Nuding
Materialien und Kopiervorlagen
zur Klassenlektüre

Ursel Scheffler

Alle nannten ihn Tomate

Kopierhinweis

Die unterschiedlich gefärbten Silben werden mit folgender Kopiereinstellung am besten lesbar:
- Kopiereinstellung „gedrucktes Foto“ wählen, falls vorhanden, oder
- Bildhelligkeit vor dem Kopieren etwas verringern.

Hase und Igel®

Inhalt

Sonderausgabe zur Lektüre mit Silbenhilfe

www.hase-und-igel.de
Lektorat: Petra Klüners
Illustrationen: Jutta Timm

ISBN 978-3-86760-548-9
2. Auflage 2020

Das Buch

Die bekannte Kinderbuchautorin Ursel Scheffler hat sich in diesem von Jutta Timm illustrierten Kinderbuch bereits Mitte der 70er-Jahre mit den zentralen Themen „Toleranz“ und „Vorurteile“ auseinandergesetzt. Das Buch hat an Aktualität nichts verloren – im Gegenteil. Der Titelheld „Tomate“ hat nicht nur einen ungewöhnlichen Namen, sondern auch einen nicht zu übersehenden Makel, die rote Nase, die ihm seinen Spitznamen eingebracht hat. Was Kinder und Erwachsene nicht wissen: Tomate kann nichts für diese rote Nase; ein schwerer Frost hat sie ihm zugefügt.

Für die Kinder ist Tomate zunächst einfach nur ein merkwürdig aussehender Mann, der ihnen allerdings unheimlich wird, als er sie beim Spielen beobachtet (Seite 6). Die Erwachsenen sehen in ihm sofort einen Übeltäter, den es dingfest zu machen gilt, als eine Reihe von Vergehen und Straftaten in der kleinen Stadt für Aufsehen sorgt. Für die Polizei handelt es sich eigentlich nur um Routinefälle (Verkehrsunfälle, Einbrüche ...), die sich teilweise sogar in Wohlgefallen auflösen, denn ein vermisstes Kind hat sich beispielsweise nur verlaufen. Doch der „Volkszorn“ braucht einen Sündenbock, nämlich den Fremden, dessen richtiger Name nicht bekannt ist und den noch niemand richtig kennt (Seite 10 ff.).

Selbst als offensichtlich wird, dass Tomate kein Übeltäter ist, wollen die Menschen nicht von ihrer Vorstellung ablassen. Der beruhigende Gedanke, dass der Täter gefunden worden ist, hat sich längst festgesetzt. Dies gipfelt in der Reaktion des Polizisten, der Tomate ohne konkreten Tatverdacht für schuldig erklärt. So wird ein unbescholtener Außenseiter zum Verbrecher abgestempelt und letztlich sogar tatsächlich zum Dieb gemacht: In seiner Verzweiflung flüchtet sich Tomate in ein verfallenes Haus und stiehlt, um nicht zu verhungern, Nahrungsmittel aus den Vorräten derer, die ihn in die Täterrolle gedrängt haben. So wird das in die Enge getriebene Opfer von Verleumdungen und Verdächtigungen zum Stehlen getrieben und quält sich mit einem schlechten Gewissen („Bin ich jetzt wirklich ein Räuber?“), während die Bestohlenen ihren Verlust nicht einmal bemerken („Sie hatten genug Vorräte.“; Seite 15). Selbst den Einwand des jungen Mannes in der Bäckerei, dass das Motiv für den Diebstahl (der ja eigentlich ein Mundraub ist) Hunger und Kälte sein könnte, wischt der Bäcker mit der fadenscheinigen Begründung weg: „Ich habe schließlich gesehen, wie er in meinen Laden kam.“ (Seite 20).

Zum Glück gibt es nicht nur diese eine Gruppe von Menschen, die sich treiben lässt, alles Wesentliche den anderen überlässt und dabei heftig über Recht und Unrecht räsoniert. In Stadtrat Fabian Pix erscheint eine Gegenfigur, die sich uneigennützig für Toleranz einsetzt und die sich nicht um Vorurteile und um das Geschwätz der anderen kümmert, sondern praktische Hilfe anbietet. Pix' zentrale Sätze: „Laufen lassen ist keine Lösung [...]. Wir müssen uns um ihn kümmern.“ (Seite 23), werden zum Schlüssel für eine Hilfskampagne, die Tomate aus seiner Außenseiterrolle herausführt und ihm schließlich die ersehnte Wiedereingliederung in die Gesellschaft ermöglicht.

Am Ende der Geschichte stehen erneut Kinder im Mittelpunkt, die Tomate jetzt – trotz aller Vorbehalte zu Beginn – uneingeschränkt akzeptieren, ins Herz schließen und dazu beitragen, dass er einem erfüllten und glücklichen Lebensabend entgegensieht (Seite 28: „Da merkte Tomate, dass er glücklich war.“). Von Tomates Zufriedenheit profitieren natürlich auch die Kinder. Das Bild des fürsorglichen Tomate, der seinen Hut hergibt, um damit seine Schützlinge im doppelten Sinne des Wortes zu „behüten“ (Seite 29), steht dabei symbolisch für Tomates neue Rolle im sozialen Gefüge des Kinderheims und der gesamten Kleinstadt.

In der Behandlung des Themas „Vorurteile“ wird in diesem Buch ein sehr menschlicher Zug vor Augen geführt. Von der Natur zur Entlastung und Orientierung unseres Gehirns „vorgesehen“, schlagen Vorurteile leicht ins Negative um und werden als Abgrenzung missbraucht: Vorurteile hegt man in der Regel gegen Unbekannte oder Unbekanntes, also gegen Fremde, gegen Außenseiter, gegen Menschen unbekannter Herkunft oder schlicht nicht-konformen Handelns oder Aussehens – kurz: gegen alle und alles, was uns fremd erscheint und deshalb Angst macht, zum Beispiel, weil es nicht unseren gesellschaftlichen Normen entspricht. Insofern können sich Vorurteile nicht nur gegen konkrete Individuen richten, sondern auch gegen anonyme Gruppen oder gegen Furcht einflößende Verhaltensweisen jeder Art.

Dass Kinder solche vorurteilsgeprägten Haltungen schnell von Erwachsenen übernehmen, weiß jede Lehrkraft, die sich – im Unterrichtsgespräch oder ganz zufällig, weil sie eine entsprechende Äußerung aufgeschnappt hat – mit den Schülerinnen und Schülern darüber auseinandersetzt. Oft stellt sich schnell heraus, dass die Aussagen – zum

Glück? – einfach nur unreflektiert „nachgeplappert“ werden. Sie beruhen meist allenfalls auf der Verallgemeinerung von mehr oder weniger typischen Einzelfällen und halten somit einer kritischen Nachfrage nicht stand, sodass die Kinder in der Regel stutzen und die Einsicht gewinnen, dass sie einem Fehlurteil aufgesessen sind.

Diskriminierende Aussprüche, die auf übernommene Vorurteile zurückzuführen sind, sollten uns als professionelle Erzieher – und ggf. als Eltern – deutlich vor Augen führen, welche Verantwortung wir im Umgang mit den uns anvertrauten Kindern haben und welche Reaktionen selbst achtlos dahingesagte Sätze auslösen können. Kinder übernehmen unreflektiert die Haltungen und Meinungen der Erwachsenen, die sie schätzen. Sie rücken aber meist auch schneller wieder davon ab, wenn sie vom Gegenteil überzeugt werden. Durch die Hinführung zu einem bewussten Umgang mit dem eigenen Verhalten gegenüber Außenseitern und Fremden leistet das Tomate-Buch einen wertvollen Beitrag zur Toleranz-Erziehung.

Die Geschichte ist in einfachen Sätzen und einer kindgerechten Sprache erzählt, sodass sie sich gut ab Mitte der zweiten und in der dritten Klasse lesen lässt. Die große Druckschrift und der weitgehende Verzicht auf Trennungen erleichtern zudem die Lektüre. Eine zusätzliche Lesehilfe stellt für viele Grundschulkinder die farbige Hervorhebung der einzelnen Silben dar. So werden insbesondere unbekannte Wörter auf Anhieb in der korrekten Silbierung gelesen und der Sinn des Textes erschließt sich einfacher und schneller.

Das Material

Aufbau

Um die Orientierung innerhalb der Lektüre zu erleichtern und eine genaue Zuordnung der Schüleraktivitäten zu bestimmten Etappen des Lesefortschritts zu ermöglichen, wurde die Tomate-Geschichte hier in *fünf Sinnschritte* gegliedert:

	Buch:	Begleitmaterialien:
Ein Fremder unter Verdacht	Seite 4–10 oben	Seite 6 ff., 16 ff.
Tomate auf der Flucht	Seite 10 Mitte – 15 Mitte	Seite 9, 22 ff.
Tomates Verhaftung	Seite 15 unten – 19	Seite 10, 26 ff.
Eine Lösung für Tomate?	Seite 20–25	Seite 10 f., 28 ff.
Tomate im Glück	Seite 26–29	Seite 12 f., 32 ff.

Dabei entschlüsseln *Kopiervorlagen*, die sich auf sprachliche Aspekte konzentrieren (z. B. auf Seite 16 und 26), in der Regel zunächst die Textebene, indem sie helfen, den Inhalt des Buches zu verstehen und wiederzugeben. Sie beinhalten elementare Spracharbeit und beziehen sich auf den Wissens- und Erfahrungsbereich der Kinder. Hierzu werden vorwiegend reproduktive Fähigkeiten angesprochen und einfache Arbeitstechniken angewandt. Es gibt konkrete Aufträge, die einer bestimmten Textstelle zugeordnet sind und dort gefunden und übernommen werden sollen. Mit richtig / falsch-Antworten, Lückentexten und Fragen zum Text sollten die Kinder vertraut sein, längere Erklärungen können entfallen. Auf diese Weise konzipierte Arbeitsblätter der Begleitmaterialien dürften auch von schwächeren Schülern mit wenig oder gänzlich ohne Hilfe bearbeitet werden können.

Komplexer werden die Anforderungen, wenn es um Erinnerungsvermögen, Meinungsbildung, Argumentation und kritische Wertung geht (siehe z. B. KVs Seite 20, 27 und 39). Werden etwa Gründe gesucht für das Verhalten der Menschen im Buch oder, darüber hinaus, im Umfeld der Kinder, ist weiterführendes Denken gefordert, was besonders sprach- und lernschwachen Kindern große Anstrengung bereitet. Erleichterung schaffen können hier – neben den nach Schwierigkeitsgrad differenzierten Materialien (siehe KVs Seite 22 / 23 und 36 / 37) – Partner- oder Gruppenarbeit sowie zusätzliche Erklärungen und Hilfestellung durch die Lehrkraft.

Themenschwerpunkte und Ziele

Die Kinder sollen, abgesehen von Schulung und Sicherung der sprachlichen Fähigkeiten, besonders sensibilisiert werden für die zentralen Themen „Vorurteile“ und „Toleranz“, die immer wieder in den Vordergrund gerückt werden, etwa wenn die Kinder Ursache und Wirkung von (falsch verstandenen) Aussagen und Gerüchten näher untersuchen (siehe KVs Seite 19 und 21).

Beispielhaft behandelt wird der zwischenmenschliche Umgang darüber hinaus anhand der „Spitznamen“ (KV Seite 27), die auch im Buch eine tragende Rolle spielen und leicht als Schimpfwörter missbraucht werden. So mag längst nicht jeder den Spitznamen, den Klassenkameraden ihm zuweisen – und erst recht nicht jeder traut sich, dagegen aufzubegehren. Gesprächsrunden zu diesem sensiblen Bereich sollen wach(sam) machen, Empathie aufbauen und die Schülerinnen und Schüler dazu anregen, sich selbst aus dem Zentrum zu nehmen und in die Haut des anderen zu schlüpfen: Wie fühlt sich der, den ich ärgere oder sogar quäle?

Solche und ähnliche Diskussionen setzen, wenn ernsthaft geführt, einen differenzierten Wortschatz voraus und schulen die Ausdrucksfähigkeit unserer Kinder. Vor diesem Hintergrund wurde daher in den vorliegenden Materialien bewusst auf eine Vereinfachung und Reduktion der verwendeten Vokabeln verzichtet.

Die Erarbeitung des Themas „Vorurteile“ führt, wie bereits oben ausgeführt, unweigerlich zum genauen Hinschauen und kritischen Hinterfragen des scheinbar Offensichtlichen. Die Kinder erfahren dabei, dass sich auch Erwachsene undifferenzierter Aussprüche oder Begriffe bedienen, die nicht zu einer sachlichen Auseinandersetzung beitragen. Dies zeigt das Beispiel des verantwortungslosen Verhaltens gegenüber dem vermeintlichen Kriminellen Tomate eindrucksvoll. Dass eine genaue Beobachtung nötig ist, um ein fundiertes Urteil über Menschen und Situationen abgeben zu können – und dass die Dinge nicht immer so sind, wie sie scheinen –, wird den Kindern im Laufe der Diskussionen und der Beschäftigung mit den angebotenen Arbeitsblättern, Rätseln und Spielen klar.

Ein optimistisch stimmendes Gegenbeispiel zu den vielen moralisch versagenden Erwachsenen im Tomate-Buch stellt immer wieder Stadtrat Fabian Pix dar, der den verzweifelten Titelhelden aus seinem Dilemma herausführt und damit seine Versöhnung mit den Umständen und den dafür verantwortlichen Menschen in Gang bringt. In diesem Zusammenhang lernen die Kinder, dass Sich-Versöhnen absolut nicht gleichbedeutend ist mit einem Gesichtsverlust, sondern dass es auf beiden Seiten Gewinner geben kann, sobald nur einer bereit ist, eine gute Lösung anzustoßen und die Position als tatenloser Zuschauer oder sogar mitschuldiger Akteur aufzugeben.

Die vorliegenden Materialien enthalten immer wieder Angebote, die von der Buchvorlage wegführen. So verlangt etwa das Arbeitsblatt zum Berichten (KV Seite 35) von den Kindern eigene freie Textproduktion. An dieser Stelle können – und sollen – sie selbst entscheiden, in welche Rolle sie schlüpfen wollen. Sachlicher Bericht oder emotionaler Tagebucheintrag können einerseits zur Erarbeitung der unterschiedlichen Genres durch den Lehrer herangezogen werden, andererseits lassen die unterschiedlichen Vorschläge (die Sie natürlich nach Ihren spezifischen Bedürfnissen erweitern oder abwandeln können) den verschiedenen Temperamenten der Kinder Raum zur Entfaltung.

Obwohl die Materialien aufeinander aufbauen und eine sukzessive und vollständige Bearbeitung ermöglichen, können die in sich abgeschlossenen Kopiervorlagen durchaus auch einzeln und in einer veränderten Reihenfolge eingesetzt werden. Dabei sollte jedoch auf den aktuellen Lesefortschritt der Klasse geachtet werden, denn die hinten angeordneten Arbeitsblätter („Nach der Lektüre“, ab Seite 36) setzen das ganze Buch als gelesen voraus, um sinnvoll bearbeitet werden zu können.

Die folgende *Symbolleiste* gibt oben in der Kopfzeile jeder KV die methodischen Schwerpunkte an, die auf dem betreffenden Arbeitsblatt zum Tragen kommen. Dies ermöglicht einen schnellen Überblick über die anzuwendenden Arbeitstechniken.

Zu allen Aufgaben der KVs, bei denen eindeutige Antworten erwünscht und möglich sind, werden diese chronologisch in den *Lösungen* aufgelistet. Bei individuellen Fragestellungen wird ggf. eine Beispiellösung zur Orientierung angeboten. Zu vielen KVs erhalten Sie im Lehrerteil weitere Anregungen, die eine sinnvolle Vertiefung oder Ausweitung des behandelten Themas ermöglichen.

Empfehlungen für den Einstieg in die Lektüre

Da das Tomate-Buch inhaltlich nicht ohne Brisanz ist, bieten sich einige vorentlastende Aktivitäten zur Lektüre an, um die Kinder einzustimmen und behutsam an den Stoff heranzuführen. Dazu eignen sich mehrere Zugänge, die weder dem Buch die Spannung nehmen noch einzelne Schüler gleich am Anfang überfordern und so die Bereitschaft, sich auf das Buch einzulassen, schmälern, z. B.:

- Die Kinder sitzen im Stuhlkreis und bekommen das Bild auf Buchseite 5 gezeigt. Spontane Schüleräußerungen werden in Stichworten gesammelt. Auf diese Weise rücken bereits erste (äußerliche) Merkmale Tomates in den Vordergrund, die im Laufe der Beschäftigung mit dem Buch wieder aufgegriffen und hinterfragt werden können.

- Die Bilder auf den Seiten 9, 11, 14 und 29 werden (bei verdecktem Buchcover) aufgeschlagen. Die Kinder spekulieren über den weiteren Verlauf der Geschichte.

- Die Lehrkraft legt (vorher vorbereitete) Wortkarten mit Spitz-, Schimpf- und Kosenamen aus, deren Bedeutung und Wirkung von den Schülern diskutiert wird.

- Ein Indianername (zum Beispiel: *Fliegender Pfeil, Kleine Wolke* oder *Starker Bär*) wird genannt; die Kinder stellen Vermutungen über seinen Träger an und vergleichen ihre Vorstellungen.

- Der Titel des Buches wird genannt oder an die Tafel geschrieben. Erwartungen zum Inhalt des Buches werden gesammelt. Auch sie können später mit den Leseeindrücken verglichen werden.

Ein Fremder unter Verdacht

(Seite 4 – Seite 10 oben)

KV Seite 16

Worum geht es in diesem Buch?

Mit dieser leicht zu bewältigenden KV gelingt der Einstieg in die Textarbeit auch für lernschwächere Schüler, da sie nicht gleich durch Textfülle und schwierige Aufgaben abgeschreckt werden und so einen Zugang zum Thema finden.

Die Sätze sind schlicht, die Antworten lassen sich 1:1 aus dem Text ablesen, erfordern aber genaues Hinschauen. Wird das Arbeitsblatt zur Verständniskontrolle eingesetzt, sollte es in Einzelarbeit gelöst werden; ansonsten bietet sich, besonders für schwächere Kinder, Partnerarbeit an. Die KV kann auch als Hausaufgabe dienen, zur Überprüfung des Textverständnisses und damit zur Vorbereitung auf die weitere Lektüre.

Für gute Leser empfiehlt sich bei der ersten Aufgabe die Lösung aus dem Gedächtnis mit anschließender Selbstkontrolle oder Überprüfung durch einen Partner. Schwächere Kinder dürfen den Text zurate ziehen. Schnelle Schüler können die falschen Aussagen richtigstellen und die Sätze verbessert aufschreiben.

Bei der zweiten Aufgabe ist dieselbe Form der Selbstüberprüfung möglich. Die Fragestellung regt zur genauen Erfassung und Beschreibung der Buchillustrationen an und lädt zur Wortschatzarbeit mit dem Wortfeld „Kleidung“ ein. Feine Bedeutungsunterschiede zwischen den einzelnen Kleidungsstücken (etwa: Mütze/Hut/Kappe – alles Kopfbedeckungen, aber mit unterschiedlichen Merkmalen) können zur Sprache kommen.

Lösungen

1. a) falsch (→ in einer Stadt) – b) richtig – c) falsch (→ hatte er sich erfroren) – d) richtig – e) falsch (→ besonders im Winter) – f) falsch (→ niemand kennt seinen richtigen Namen) – g) falsch (→ wurde nur so genannt) – h) falsch (→ Farbe einer Tomate)
2. Hut, Schal, Mantel, Hose (rot); Mütze, Brille, Anorak, Stock, Schirm, Handschuhe, Rock (blau); Krawatte, Pullover, Socken (grün)

Weitere Anregung

Male Tomate nur mithilfe der Merkmale, die du aus dem Text erfährst.

(Achtung: Lediglich die „dicke rote Nase“, der „Mantel“, der „dicke Wollschal“ und der „Hut“ werden im Text genannt. Die Kinder werden beim anschließenden Vergleich ihrer Bilder vermutlich feststellen, dass sich ihre Zeichnungen stark an den vorgegebenen Buchillustrationen orientieren. Die entstandenen Bilder können später Grundlage für die geforderten Zeugenaussagen sein; vgl. KV Seite 19.)

KV Seite 17

Siehst du auch rot?

Diese KV beschäftigt sich ausschließlich mit Wörtern, die die Wortbausteine *Rot-/-rot* enthalten. Es geht also um die Schreibung zusammengesetzter Nomen und Adjektive mit ROT als Bestimmungs- oder Grundwort (→ Grundwort: *feuerrot, kaminrot, Morgenrot;* Bestimmungswort: *Rotfuchs, rotgesichtig*). Geradezu beiläufig erfahren die Kinder dabei, was sich hinter den unbekannten Begriffen verbirgt.

Als Anreiz oder Einstieg kann in Gruppen ein Quiz durchgeführt werden: „Wer findet die meisten Wörter mit rot?“ Die Bearbeitung der KV erfolgt entweder in Einzel- oder Partnerarbeit (vor allem bei der zweiten Aufgabe zu empfehlen). Die Wörter werden an der Tafel festgehalten und durch Übertragen ins Heft gesichert. In leistungsstarken Gruppen kann anhand des Beispiels von *signal-* und *knallrot* – im Gegensatz zu *weinrot, feuerrot, tomatenrot* ... – der Unterschied zu den Komposita in Aufgabe 3 angesprochen werden (rot wie Wein = *weinrot*, aber: „rot wie ein Knall" gibt es nicht).

Manche Kinder werden auch Wörter nennen, die sie irgendwo aufgeschnappt haben, ohne ihre Bedeutung zu kennen, z. B.: *rotsehen, Infrarot, Wüstenrot* (Bausparkasse), *Rote Bete, Rotkraut, Rotauge, Rotfeder* (zwei Fische), *Rotes Kreuz*. Diese Begriffe sollten im Unterrichtsgespräch geklärt werden.

Je nachdem wie intensiv die Kinder auf das Thema „Farbe" einsteigen, können sie eigene Bezeichnungen für Rottöne sammeln oder erfinden (z. B. *erdbeerrot, puterrot, schweinchenrosa, rosenrot, paprikarot*). Alle hier und im Folgenden beschriebenen Aktivitäten funktionieren natürlich auch für die anderen Farben.

Lösungen

1./2. Vögel: Rotkehlchen, Rotschwänzchen – Fisch: Rotbarsch – Märchenfigur: Rotkäppchen

3. blutrot – feuerrot – tomatenrot – weinrot (Kleinschreibung; Fugen-n bei *tomatenrot*)

KV Seite 18

Auf roter Spur

Das Gitterrätsel befasst sich noch einmal mit dem Wort *rot*, zwingt jetzt aber zur genauen optischen Unterscheidung, denn die Buchstabenkombination muss zunächst aus der Masse der Buchstaben isoliert werden. Sie erscheint (inklusive des vorgegebenen Beispiels BROT) 6-mal waagerecht und 8-mal senkrecht.

Danach soll das Wort, in dem ROT gefunden wurde, erkannt werden. Dies ist eine sehr anspruchsvolle Anforderung. Sie sollte daher, damit genügend Zeit zum Tüfteln bleibt, als Hausaufgabe aufgegeben oder differenzierend gelöst werden. Die Schnelleren lösen zwischenzeitlich schon die zweite Aufgabe oder beschäftigen sich mit einer weiterführenden Fragestellung zu den Wortbedeutungen (→ „Versuche, die Bedeutung der unbekannten Wörter herauszufinden.").

Am Ende sollte die Bedeutung aller 14 Wörter mit ROT geklärt und gesichert sein. Findige werden weitere Wörter beisteuern (→ *Rotfuchs, Protein, Rottach, Rottal, Bad Krotzingen, Rotenburg, Rothaargebirge* ...), wobei es Ihnen überlassen bleibt, ob Sie darauf eingehen wollen, dass sich die Buchstabenfolge ROT bei den 14 Gitterwörtern nicht (wie bei *Rotschopf* u. Ä.) von der Farbe ableitet, sondern auf einem eher „zufälligen" Aufeinandertreffen von Buchstaben beruht (wie auch bei *rotzfrech, Rotor* u. a.).

Lösungen

1. *waagerecht:* Karotte – Frottee – Rotz – Trottel – Schmarotzer; *senkrecht:* trotzdem – Grotte – Trott – Protest – Schrott – protzen – Rottweiler – trotzig
2. Rot sein kann alles außer: Sonne mit Strahlen (→ also hier keine untergehende rote Sonne), laufendes Ampelmännchen, Mond, Gras, Walnuss

Weitere Anregungen

Farbiges im Singular und Plural

Nachdem die Kinder die ROT-Begriffe im Gitter markiert und die roten Lebensmittel und Gegenstände angemalt haben, schreiben sie alle Nomen mit Artikel ins Heft. Möglich ist an dieser Stelle auch eine mündliche oder schriftliche Sicherung der Singular- und Pluralformen (mit Artikel): *die Tulpe – die Tulpen* usw.

Fächerverbindende Aktivität: Kunst

Wenn sich die Kinder über die Aktivitäten der KVs von Seite 17 / 18 hinaus für verschiedene Farbtöne interessieren, können sie sich in einem Malergeschäft oder einem Schreibwarenladen erkundigen oder eine Farbpalette beschaffen. Interessant sind auch die Farbbezeichnungen aus der Werbesprache, etwa wenn man an die fantasievollen Benennungen der Farbtöne für Autolackierungen denkt, ganz zu schweigen von den fein nuancierten Kosmetikfarben (Lippenstifte, Lidschatten usw.), die eine wahre Fundgrube für facettenreiche Farbabstufungen – und deren Benennung – sind.

In Kunst können mit Wasserfarben (z. B. mit den „klassischen" Malkastenfarben zinnoberrot und karminrot) unterschiedliche Abtönungen von Farben gemischt werden, wobei mit den verschiedenen Möglichkeiten, die Farbe zu beeinflussen, experimentiert werden kann (→ Beigabe von Deckweiß oder Schwarz; Wassermenge; unterschiedliche Farbanteile). Als Vorübung schneiden die Kinder aus Zeitschriften und Katalogen verschiedene Farbtöne aus, die sie von hell nach dunkel sortieren.

Soll das Thema „Farben" noch mehr ausgeweitet werden, kann in diesem Zusammenhang auf die drei Grundfarben Rot, Gelb, Blau und die damit erzeugbaren Mischtöne eingegangen werden.

Wenn sich die Kinder von der Beschäftigung mit den Farben besonders angesprochen fühlen, kann man diese Aktivitäten z. B. mit einem „roten Tag" abschließen, der mit ein wenig Vorlaufzeit angekündigt werden sollte: Alle Kinder (und die Lehrer) kommen rot (oder anders einfarbig) gekleidet in die Schule und bringen einen entsprechend unifarbenen Gegenstand mit; ggf. wird sogar ein „einfarbiges Büfett" angeboten mit (gesunden) Nahrungsmitteln in der oder den ausgewählten Farben.

Was Zeugen aussagen

Bei der Bearbeitung werden die Schülerinnen und Schüler feststellen, dass die Beschreibungen der Zeugen nicht aussagekräftig sind und dass, um jemanden genau zu beschreiben, scharfe Beobachtung und differenziertes Vokabular vonnöten sind.

Dass die Mehrzahl der bestimmenden Wörter Adjektive sind, zeigt sich in der vorgegebenen Tabelle mehr als deutlich. Dies kann im Zuge der Aufsatzerziehung thematisiert werden und bei der Bearbeitung anderer KVs („Es gibt was zu berichten“, Seite 35; „So ist die Geschichte aufgebaut“/„Am Ende eine Wende“, Seite 40/41) angewandt und geübt werden. Die Kinder erfahren, dass sich mithilfe von Adjektiven lebendiger (be)schreiben lässt.

Die Tabelle dient der Beschreibung Tomates, wie er auf den Bildern dargestellt wird. Sie kann darüber hinaus auch als Grundlage eines beliebigen „(Täter-)Profils“ genutzt und von den Schülern erweitert werden, indem sie z. B. mithilfe des vorhandenen Wortmaterials eine andere Person schriftlich oder mündlich beschreiben. Diese Beschreibung bzw. dieser Steckbrief wird anschließend vorgelesen und die Klassenkameraden zeichnen danach eine Art „Phantombild“.

Lösungen

1. Tomate hat laut Aussagen der Zeugen eine auffallend rote Nase und trägt einen altmodischen, komischen Schlapphut; der gesuchte Räuber hat einen roten Schal vor dem Gesicht und einen Regenschirm. Kommissar Kern notiert statt des Regenschirms den Mantel (von dem allerdings zuvor gar keine Rede war).
2. z. B.: Tomate hat braune Haare, buschige Augenbrauen und eine dicke, rote Nase. Er trägt einen schäbigen, braunen Hut, einen abgewetzten, alten Mantel mit großen Taschen und einen roten Schal mit Fransen. Seine Schuhe sind braun. Tomate friert, er beobachtet Kinder und er kauft ein.

Und was weißt *du* über Tomate?

Diese KV sollte gleich im Anschluss an die vorherige KV bearbeitet werden, da sie den Kindern vor Augen führt, dass auch sie gut nachdenken müssen, wenn sie eine brauchbare Beschreibung abgeben wollen.

Außerdem fällt es ihnen bei geschlossenem Buch wahrscheinlich schwer einzuschätzen, woher die erinnerten Merkmale Tomates stammen – aus dem Text oder aus den Bildern. Doch gerade dieses genaue Unterscheiden macht die Qualität einer Zeugenaussage aus!

Lösungen

1. *aus dem Text:* rote Nase, Mantel, dicker Wollschal, Hut; *durch die Bilder:* braune Haare, buschige Augenbrauen, schäbiger, brauner Hut, Mantel ist alt und abgewetzt mit großen Taschen, Schal ist rot mit Fransen
2. Die rote Nase ist das auffälligste Kennzeichen.
3. Eher nein, da die Beschreibung noch immer ziemlich vage ist.
4. Kommissar Kern hätte nachhaken müssen, um wirklich verwertbare Hinweise zur Ergreifung des wahren Täters zu bekommen.

Weitere Anregungen

Personen beschreiben

- Ein Kind wird vor die Tür geschickt. Die anderen Kinder sollen es genau beschreiben (→ Stichwörter an der Tafel festhalten); anschließend das Kind wieder hineinrufen und die Beschreibungen mit der Wirklichkeit vergleichen.
- Bilder von Personen (aus Zeitschriften, Magazinen, Büchern) beschreiben lassen.
- „Dem Täter auf der Spur“ spielen und z. B. bekannte Persönlichkeiten (prominente Fußballer, Popstars oder eine Märchenfigur) beschreiben lassen. Bei anwesenden „echten“ Personen ist Vorsicht geboten, um Verletzungen zu vermeiden.

Gefühle erkennen und benennen

Adjektive vorgeben, die der Stimmung Tomates auf den Bildern Seite 3, 4, 5, 6, 7, 11, 14/15, 17, 18/19, 24, 25, 26 und 29 zugeordnet werden sollen, z. B.: *traurig, unglücklich, gehetzt, ängstlich, nervös, verwirrt, unzufrieden – glücklich, zufrieden, erfreut, erleichtert.*

Hinweis: Es gibt auch Bilder (z. B. Buch, Seite 7), auf denen Tomates Gesichtsausdruck nicht erkennbar ist, etwa weil er seinen Hut so tief ins Gesicht gezogen hat. Auch dies kann mit den Kindern besprochen werden.

Wie konnte das passieren?

Beim Ausfüllen der zweiten und dritten Spalte der Tabelle wird den Schülerinnen und Schülern bewusst, dass aus einer Beobachtung nicht zwingend auf den Grund des beobachteten Verhaltens geschlossen werden kann. Sie stellen fest, dass die persönlichen Erfahrungen und die eigene Fantasie bei der Interpretation von Verhaltensweisen eine große Rolle spielen. Die Kinder sollen sich bewusst machen, dass nicht voreilig be- und verurteilt werden darf und dass Sachverhalte sorgfältig durchleuchtet und die beteiligten Menschen eingehend befragt werden müssen.

Lösungen

Das tut Tomate (erste Spalte):

- Seite 6: Er sieht den Kindern beim Spielen zu.
- Seite 6: Er zieht den Schal vor das Gesicht.
- Seite 10: Er geht in eine Bäckerei, um Brot zu kaufen.

So reagieren die anderen (zweite Spalte):

- Die Kinder stecken die Köpfe zusammen und tuscheln.
- Die Kinder vermuten, dass Tomate nicht erkannt werden will. Also kann er nur ein Räuber sein. Sie laufen schreiend weg und erzählen anderen Kindern von ihrer Begegnung.
- Der Bäcker glaubt an einen Überfall, schreit laut um Hilfe und rennt hinaus.

Warum reagieren die Menschen so? (dritte Spalte):

- Sie fühlen sich beobachtet.
- Sie haben Angst vor dem komischen Mann, der sein Gesicht nicht zeigen will.
- Er hat von den Gerüchten über den Räuber gehört und glaubt, dass Tomate der Gesuchte sein muss.

Die Menschen sehen nur, was sie sehen wollen. Harmlose Verhaltensweisen werden unreflektiert in ihr Denkschema gepresst. Die Leute haben einen Täter gesucht und glauben, ihn in Tomate gefunden zu haben, weil sich niemand die Mühe macht, die eigene Erwartungshaltung zu hinterfragen. Tomate merkt, dass er zum Räuber abgestempelt wird, und sieht keinen anderen Ausweg, als wegzulaufen.

In leistungsstarken Klassen ist an dieser Stelle alternativ oder ergänzend der Einsatz einer der beiden differenzierenden KVs „Wer ist der Täter?“ möglich (siehe Seite 36/37).

Tomate auf der Flucht

(Seite 10 Mitte – Seite 15 Mitte)

Durcheinandergeraten

Die Sätze auf der KV Seite 22 enthalten sinngemäße Umschreibungen des Textes auf den Buchseiten 13 – 15, stellen also sowohl Anforderungen an den Wortschatz der Kinder als auch an ihre Lesefertigkeit und Gedächtnisleistung, um die richtige Reihenfolge der Sätze wieder herzustellen.

Auch hier kann differenzierend das Nachschlagen im Buch zugelassen sein oder zum eigenen Ausprobieren aufgefordert werden (→ „Lies die Seiten 13 – 15 und schließe danach das Buch.“). Das zu findende Lösungswort FRIEREN ermöglicht die selbstständige Überprüfung, ob fehlerfrei gearbeitet wurde. Daher kann diese KV gut als Hausaufgabe gestellt werden. Sollen an dieser Stelle Schreibübungen eingeschoben werden, lässt man den richtig zusammengesetzten Text ins Deutschheft übertragen.

KV Seite 23 ist aufgebaut wie KV Seite 22; jedoch, für leseschwächere Schüler, mit dem nahezu identischen Wortlaut des Buches.

Wer bin ich? / Das bin ich!

Diese KV dient dazu, den Kindern aufzuzeigen, wie schnell Klischees bedient werden und wie leicht wir „in Schubladen denken“. Dem intelligenten Kind wird leichtfertig die Brille verpasst, ein Pommes-Esser hat dick zu sein usw. Ob die Kinder auch nach der zu diesem Zeitpunkt schon etwas längeren Beschäftigung mit dem Thema „Vorurteile und Gerüchte“ den gängigen Vorstellungen „aufsitzen“, wird diese KV erweisen. Es sollte unbedingt zunächst die erste Frage gelöst und besprochen werden, ohne dass die KV „Das bin ich!“ (Seite 25) bereits gelesen wurde.

Die richtigen Zuordnungen sollten gemeinsam mit den Kindern erst nach Bearbeitung dieser Anschluss-KV aufgelöst werden. Es empfiehlt sich, die vorige KV daneben liegen zu lassen, damit die Kinder ihre ersten Vermutungen vor Augen haben, wenn sie zum Vergleich zwischen ihren spontanen Entscheidungen und den späteren begründeten Zuordnungen aufgefordert werden.

Die Kinder müssen die kurzen Texte auf der KV von Seite 25 aufmerksam lesen, um herauszufinden, wer wirklich hinter welchem Bild steckt. So wird ein Leseanreiz geschaffen, um die richtigen Identitäten zuordnen zu können. (Zur Belebung lässt man ggf. die Kurzporträts von vier verschiedenen Kindern vorlesen; dabei kann schon auf die richtige Verteilung von Jungen und Mädchen geachtet werden.)

Anschließend reflektieren alle nochmals gemeinsam, was sie im ersten Durchgang (→ KV Seite 24) zu ihrer Entscheidung veranlasst hat. Sie merken dabei, dass eine Brille nicht unbedingt auf einen „Bücherwurm“ schließen lässt, dass natürlich auch dickere Kinder Sport treiben, dass ein Trikot noch keinen Fußballfan ausmacht – und dass auch Mädchen gern Fußball spielen! – und dass die Botschaft auf einem T-Shirt (hier: Autos) nicht zwingend auf ein dazu passendes Hobby schließen lässt.

Lösungen

Bild A: Kirsten – B: Ali – C: Paula – D: Lars

Tomates Verhaftung

(Seite 15 unten – Seite 19)

Wörterdieb am Werk

Da es hier um das Auffinden ganz bestimmter Wörter aus dem (nahezu wörtlich wiedergegebenen) Buchtext geht, sollte die entsprechende Seite 16 aufgeschlagen sein (→ Alternative bei geschlossenem Buch: „Wer weiß noch aus dem Gedächtnis, welches Wort fehlt?").

Diese rein reproduktive Aufgabe dürfte in der Regel keine innere Differenzierung erfordern. Sollten dennoch lernschwächere Schüler Hilfe benötigen, können die einzusetzenden Wörter ungeordnet vorgegeben werden.

Die Lückenwörter sind tragende Begriffe dieser Szene (→ Stadtrat Pix stellt Tomates Schuld in Frage und erwägt die Umnutzung des Abrisshauses, was letztlich auch Tomate zugutekommt) und können als Reizwörter dazu dienen, den Abschnitt mündlich oder schriftlich nachzuerzählen.

Weitere Anregung

Für leistungsstärkere Klassen

Lies nochmals die Seiten 16 Mitte bis 19. Was passiert, nachdem Tomate vor Pix und Kern davongelaufen ist? Verstehst du Tomates Verhalten? Versetze dich in ihn hinein: Was hättest du gefühlt? – Wie hättest du gehandelt? Besprecht euch in einer Gruppe, bevor ihr gemeinsam diskutiert. Kommt am Ende mit der ganzen Klasse im Stuhlkreis zusammen und vergleicht eure Ergebnisse.

Hinweis: Hier werden die Kinder mit Überlegungen und Fragen konfrontiert, die nicht eindimensional beantwortet werden können. Die persönlichen Fragen (z. B.: „Was hättest du gefühlt?") sind offen für individuelle Antworten der Kinder. Sie sollten jedoch ein Bewusstsein dafür entwickeln, dass Tomate sich festnehmen lässt, weil er es einfach nicht mehr aushält, gejagt zu werden und sich verstecken zu müssen, obwohl er unschuldig ist. Er stellt sich den Behörden, weil seine Kräfte am Ende sind.

Spitznamen – lieb gemeint, oder?

Manche Menschen demütigen andere absichtlich, viele bemerken hingegen gar nicht, dass sie ihren Mitmenschen wehtun, wenn sie sie mit Spitznamen betiteln. Diese Seite soll dafür Bewusstsein schaffen und den Kindern vor Augen führen, dass nicht unbedingt für alle Beteiligten lustig ist, was sie selbst lustig finden.

Ein Rollenspiel kann die Kinder mit Absicht in die Rolle des Schwachen versetzen (→ „Wie geht es mir in einer solchen Position?"), wodurch nicht nur Verständnis für den Gehänselten geweckt, sondern zugleich eingeübt wird, wie man sich gegen solche verletzenden Angriffe abgrenzen und mit Worten zur Wehr setzen kann.

Die angebotenen Beispiele für Spitznamen enthalten bewusst keine extrem beleidigenden oder derben Begriffe. Kinder verfügen in der Regel ohnehin über ein großes Repertoire an solchen Ausdrücken – und werden diese sicherlich bei dieser Gelegenheit ungefragt beisteuern –, sodass weitere Negativbeispiele fehl am Platz wären. Es bietet sich an zu besprechen, warum manche Namen als Schimpfwörter aufgefasst werden können, aber nicht müssen. (Beispiel Pumuckl: Wenn der so Betitelte nicht unter seinen (roten) Haaren leidet, kann es sich durchaus um einen nett gemeinten Spitz- oder Kosenamen handeln.)

Lösungen

Spitznamen: Rosi, Blacky, Hansi, Andi, (Pumuckl); *Kosenamen:* Häschen, Mäuschen, Zuckerschnute, Schätzchen, Bärchen, (Dickerchen); *Schimpfnamen:* Stinkstiefel, Pappnase, blöde Kuh, Depp, Spaghetti, Brillenschlange, (Pumuckl, Dickerchen)

Weitere Anregungen

- Mit welchen Namen würdest du dich wohlfühlen? Mit welchen nicht mehr?
- Könntest du dir jetzt vorstellen, einem Kind, das gehänselt wird, zu helfen? Übe es in einem Rollenspiel.

Eine Lösung für Tomate?

(Seite 20 – Seite 25)

Laufen lassen ist keine Lösung

Diese KV rundet die reine Textarbeit mit einem „detektivischen Fleißauftrag" ab. Sie sorgt dafür, dass die Geschichte noch einmal diagonal – oder wenigstens in Ausschnitten – gelesen wird. Kinder lösen gerne

Rätsel, die Lese-„Arbeit“ tritt dabei unbemerkt in den Hintergrund. Außerdem schult und erfordert die Lösung des Rätsels Konzentration und Sorgfalt beim Auffinden der angegebenen Stellen und beim genauen Auszählen der gesuchten Buchstaben.

Lösungen
Gesicht – Juweliergeschäft – Räuber – Felder – niemand – nichts – davonlaufen – rissen – Hunger – muss – kümmern – bekommt – gerne
Lösungssatz: „Ich werde mich darum kümmern.“
(von Stadtrat Fabian Pix, Seite 23, Zeile 14/15)

Termine – Termine!
Dieses einfache Arbeitsblatt dient der Vorentlastung von KV Seite 30 und sollte, ggf. nach (erneutem) Lesen der Buchseite 24, mühelos von den Kindern bearbeitet werden können.

Lösungen
siehe Buch, Seite 24; die rote Klammer markiert auf dem Kalender unten links auf dem Bild (Seite 25) einen Donnerstag; d. h. Tomate arbeitet im Omnibusdepot.

Weitere Anregungen
- Schreibe eine Woche lang jeden Tag auf, was du tust/was deine Eltern tun und suche Unterschiede und Gemeinsamkeiten.
- Male zu einem der fünf Werktage ein Bild von Tomate bei seiner Tagesarbeit.

Arbeit für Tomate
Schwächere Kinder begnügen sich eventuell mit der vorangehenden KV von Seite 29 oder notieren sich von dort Stichwörter. Die Kinder sollten gemeinsam im Unterrichtsgespräch erarbeiten, dass Tomate zwar jetzt eine Arbeit hat, die ihm sein Auskommen sichert, dass es sich aber um eine Beschäftigung handelt, die ihn nicht erfüllt, weil er kaum Kontakt zu anderen Menschen hat (siehe letzte Aufgabe).

Weitere Anregungen
- Würden dir noch andere Hilfsaktionen für Tomate einfallen? Welche?
- Stell dir vor, in deiner Umgebung gibt es einen Außenseiter wie Tomate. Was könntest du tun, damit er nicht so allein ist?

KV Seite 31

So ist Versöhnung!
Die Kinder machen sich bewusst, dass mit einer Wiedergutmachung zwar begangenes (und erlittenes) Unrecht nicht ungeschehen gemacht wird, dass man aber einstehen muss für eigenes Fehlverhalten und unangemessene Reaktionen.

Eine Entschuldigung, Versöhnung oder Wiedergutmachung ist das Mindeste, was man einem zu Unrecht Beschuldigten anbieten kann. In Tomates Fall kommt noch erschwerend hinzu, dass er öffentlich in Misskredit gebracht worden ist. Die Schülerinnen und Schüler gewinnen im Sinne des „sozialen Lernens“ die Einsicht, dass Versöhnung nur möglich ist, wenn beide Seiten bereit sind, aufeinander zuzugehen – denn ohne eine beidseitige Bereitschaft zum Friedensschluss kann die Konfliktbewältigung gar nicht oder nur oberflächlich gelingen. Beim Erfinden von aktiven Wiedergutmachungen sind Kinder oft sehr kreativ!

Vorschläge für „tätige Reue“
Bäcker → kostenloses Brot – Polizist → Hilfe beim Umbau des Kinderheims, Mitfahrt im Polizeiwagen (lieben alle Kinder, darum würde das Tomate sicher auch gefallen) – Juwelier → Geldspende fürs Kinderheim – junger Vater → Beteiligung am Einweihungsfest (Spiele organisieren, Würste grillen, Auf- und Abbau), mit Tomate Schach spielen – andere Leute → für die Reinigung seiner Kleidung sorgen, ihn zum Essen einladen

Weitere Anregungen
- Du hast sicher bemerkt, dass es nicht allein die Erwachsenen sind, die zu Tomates Zufriedenheit beitragen. Erkläre, wie und warum die Kinder einen wichtigen Anteil an seinem Glück haben.
- Ihr organisiert ein Versöhnungsfest für Tomate. Besprecht: Was soll da alles los sein? Wer wird eingeladen? – Sammelt Ideen für einen Nachmittag!
- Macht aus Teilen des Buches eine Klanggeschichte. Überlegt vorab: Wann geht es Tomate am schlechtesten und wann am besten? Welche Instrumente wollt ihr einsetzen? Wie könnt ihr zeigen, dass es spannend wird?

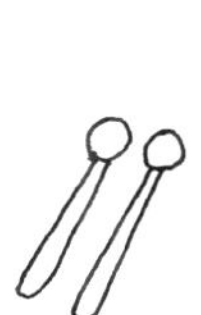  

- Sicher findet ihr auch Stellen im Buch, die man pantomimisch darstellen kann.

Tomate im Glück

(Seite 26 – Seite 29)

KV Seite 32

Bist du ein guter Zeuge?

Der Fragenkatalog beginnt mit einfachen Fragen, deren Antworten sich direkt aus dem Text (Buch, Seite 27) ableiten. Über eine Erinnerungsfrage (→ Berechnung der vergangenen Zeit: „An einem Tag im Februar", Buch, Seite 4; „An einem Herbsttag", Buch, Seite 27) führt er schließlich zu freien „Zeugenaussagen", die mit eigenen Worten formuliert werden müssen.

Lösungen

Es ist Herbst. – Die Blätter sind verfärbt und fallen von den Bäumen. – Schon ungefähr zehn Monate (von Februar bis ca. Oktober/November). – Pix ist verlegen, weil es ihm unangenehm ist, dass er Tomates wirklichen Namen nicht kennt. – Tomate ist glücklich über das Angebot, denn er mag Kinder und kann sich nichts Schöneres vorstellen, als mit ihnen zu spielen und sich um sie zu kümmern. – Tomate denkt am Kartoffelfeuer daran, dass er hier vor Kurzem alleine saß und Angst hatte, der Rauch könne ihn verraten. – Tomate sieht, dass der Rauch jetzt positive Ursachen hat. Er weiß, dass er angenommen ist und eine Tätigkeit gefunden hat, die sinnvoll ist und ihn erfüllt.

Weitere Anregung

Der im Buch (Seite 28) erwähnte Abenteuerspielplatz kann im Kunstunterricht gemalt oder als Collage geklebt werden. Im Rahmen des fächerverbindenden Unterrichts bietet es sich an, den Spielplatz – unter Berücksichtigung von technischen Fragen (z. B. Wippe → Hebelgesetz) – als möglichst originalgetreues Modell zu basteln. Dazu können Abfallmaterialien, Bauklötze oder Naturmaterialien wie Sand, Ton oder Steine verwendet werden.

Rot, rot, rot – und andere Farben
Rote und andere Strophen

Die beiden KVs greifen nochmals Farben und damit verbundene Assoziationen auf (vgl. KVs auf den Seiten 17 und 18). Für die Kinder hat Tomates rote Nase zu diesem Zeitpunkt ihren Schrecken verloren („Und seine rote Nase? Die störte sie gar nicht mehr.", Buch, Seite 28). Insofern lässt sich diese musikalische und sprachliche Aktivität zu den Farben hier ohne negativen „Beigeschmack" einflechten.

Das Kinderlied „Grün, grün, grün sind alle meine Kleider", das heute nicht mehr als bekannt vorausgesetzt werden kann, ist schnell erlernt. Die Melodie kann von einem Kind auf der Flöte, einem Stabspiel (= Orff'sche Instrumente, die aus Stäben aufgebaut sind, z. B. Xylo- und Metallofon) oder dem Keyboard begleitet werden. Die einzelnen Verse lassen sich mit wechselndem Orff-Instrumentarium oder einfach durch rhythmisches Klatschen, Stampfen oder Schnipsen unterlegen.

Die Fantasie der Kinder führt sicher weit über Kleider und Berufe hinaus, sodass der Liebste/die liebste Person, der Lieblingssportverein, das liebste Tier, Spielzeug, Essen, Getränk usw. in der passenden Farbe erstrahlt. Sie als Lehrerin oder Lehrer mögen selbst entscheiden, inwieweit Sie bei den selbstgedichteten Strophen auf den richtigen Rhythmus (besonders bei der Berufsangabe) achten wollen. (Schließlich passt z. B. der „Matrose" auch nicht wirklich zum Versmaß.) Wer ein Kichern wegen der Begriffe „lieben" und „Schatz" befürchtet, kann auf „mag ich" und „Freund" umschwenken.

Dreht man den Sinn des Satzes um, kann durchaus auch eine Abneigung ausgedrückt werden, zum Beispiel so: „Grau, grau, grau ist keines meiner Kleider, grau, grau, grau ist gar nichts, was ich mag. Darum hass ich alles, was so grau ist, weil ich Regen überhaupt nicht mag."

Der genaue Wortlaut des Liedtextes variiert in den Quellen; hier eine gängige Version:
„Grün, grün, grün … / Rot, rot, rot … / Blau, blau, blau … / Schwarz … / Weiß … / Bunt sind alle meine Kleider, [grün, grün, grün] ist alles, was ich hab. Darum lieb ich alles, was so [grün] ist, weil mein Schatz ein Jägermeister [grün] / Feuerwehrmann [rot] / Matrose [blau] / Schornsteinfeger [schwarz] / Bäckermeister [weiß] / Malermeister [bunt] ist."

Es gibt was zu berichten

Siehe einleitende Bemerkungen auf Seite 5; die sieben Schreibanlässe werden auf einem extra Blatt oder im Deutschheft ausgearbeitet. Die doppelseitige Illustration auf Buchseite 20/21 dient als zusätzlicher oder vorentlastender Anreiz.

Leitfragen: Was steht in dieser Ausgabe der Zeitung? (siehe hierzu Buchtext auf Seite 20) – Wer hat alles eine Zeitung gekauft? – Wie reagieren die Leute auf die Nachricht von Tomates Verhaftung?

Lösungen → individuell

Weitere Anregungen

Gemeinsam eine Tageszeitung lesen, Polizeiberichte analysieren, einen Unterrichtsgang zur Polizei oder den Besuch eines Kommissars in der Schule organisieren; Fragestellung: Was hätten „echte“ Kommissare Herrn Kern zu sagen? Wie ermittelt unsere Polizei wirklich?

Nach der Lektüre

KV Seite 36/37

Wer ist der Täter?

Rückblickend und in Kenntnis des Ausgangs der Geschichte vollziehen die Kinder nach, wie sich kleine Beobachtungen, Verdächtigungen, Gerüchte und Vermutungen zu einer Vorverurteilung summieren und für den Betroffenen zu einer Lawine auswachsen. Kein einziger Außenstehender greift ein – die Situation eskaliert und wird zum Selbstläufer. Die Schere zwischen Wirklichkeit und Unterstellungen oder Vermutungen klafft immer weiter auseinander.

Schwächere Kinder bearbeiten die KV auf Seite 37 oder verfolgen mithilfe der Buchseiten 6, 8 und 10 den genauen Ablauf, der schließlich zur Flucht Tomates führt. Die KV ist aufgebaut wie die vorangehende KV für die starken Schüler, enthält aber mehr Lösungshilfen.

Beide KVs können beim Kopieren auf DIN-A3-Format (also auf 141%) vergrößert werden, um mehr Platz für die Eintragungen zu lassen.

In leistungsstarken Klassen kann eine der beiden KVs auch gleich nach der Lektüre der betreffenden Textstelle (Seite 6–8) eingesetzt werden.

Lösungen

Stadtpark: Junger Mann: „Unsere Kinder haben einen verdächtigen Mann im Stadtpark beobachtet! [...]“ – Banküberfall am Postplatz: Bäcker: „Einer mit komischem Schlapphut rannte über den Platz.“ – Raub im Juweliergeschäft: Juwelier: „Der Räuber hatte einen roten Schal vor dem Gesicht und ließ die Beute in einen Regenschirm fallen.“ – Ein Kind wird vermisst: Eltern: „Wahrscheinlich entführt.“ (Schwächere Kinder sollten die Aussagen wörtlich aus dem Buch abschreiben.)

Augenzeugen gesucht

Dieser detektivische Suchauftrag schult die Beobachtungsgabe, schärft die Wahrnehmung von Details und veranlasst zu genauem Hinsehen. Manche der gesuchten Gegenstände werden den Kindern schon beim „zweckfreien“ Anschauen der Bilder ins Auge gefallen sein, andere müssen nun zielgerichtet im Buch aufgespürt werden.

Um die Aufgabe auch sprachlich fruchtbar zu machen, werden die Kinder aufgefordert, die gefundenen Dinge zu benennen, was gar nicht so einfach ist, denn die „Brunnenfigur“ auf Buchseite 21 oder die Hinweistafel auf Seite 22 bereiten bei der Benennung durchaus Kopfzerbrechen. Bei der geforderten Angabe, wo sich der jeweilige Gegenstand genau befindet, wird die Sprachkompetenz der Kinder erweitert (→ Verwendung von passenden Präpositionen/Verhältniswörtern mit dazugehörigem Kasus/Fall zur Lagebestimmung).

Wenn man die im Buch auftauchenden Hunde (Es sind sieben! Oder finden Ihre Schüler noch mehr?) zählen lässt, sollte vorab geklärt sein, dass das Titelbild und die auf Seite 30/31 abgebildeten verkleinerten Buchcover nicht mitgezählt werden.

Lösungen

(von links nach rechts) Straßenlaterne, Buch, Seite 5 – Schal, Seite 17 – Verkehrsschild, Seite 12 – Schaufenster mit Markise, Seite 12 – Foto(grafie), Seite 9 – (Abreiß-)Kalender, Seite 25 – (Brat-)Apfel auf Stecken, Seite 29 – Hinweistafel/Wegweiser, Seite 22 – Aktentasche, S. 26 – Aktenordner, Seite 9 – Brunnenfigur, Seite 21 – Abfall-/Mülleimer, Seite 7 – (Garten-)Zaun/Gatter, Seite 17 – Kochtopf, Seite 25 – Gießkanne, Seite 9 – Topfpflanzen, Seite 21. (Die Bezeichnungen dürfen natürlich von den hier angegebenen Lösungen abweichen, sofern sie sachlich korrekt sind.)

Hunde (ohne Cover und Seite 30/31): 7, und zwar Buch, Seite 5, 7, 9, 21 (zweimal), 26 (zweimal)

Weitere Anregungen

Veränderungen erkennen

Um den Kindern nochmals in anderer Weise vor Augen zu führen, wie schwierig es ist, korrekte Zeugenaussagen zu machen, wird folgendes kleines Experiment durchgeführt: Einige Kinder gehen hinaus, währenddessen wird im Raum etwas sichtbar verändert (z. B. die Tafel gewischt). Die Kinder werden nacheinander hineingerufen. Entdecken sie die Veränderung?

Um die Aufgabe zu erleichtern, können die spurensuchenden Kinder vor dem Hinausgehen aufgefordert werden, sich genau im Klassenraum umzusehen.

Detektivarbeit leisten

Die „Hundezähl-Aufgabe“ (s. o.) kann beliebig variiert und erweitert werden (→ zur Vorbereitung Strichlisten führen lassen!). Der Fantasie der Kinder sind im Erfinden weiterer detektivischer Kleinarbeiten keine Grenzen gesetzt, z. B.: Wie viele Kappen und Hüte tauchen im Buch auf? Wie viele Trinkgefäße kommen vor?

Beide Beispiele eignen sich für die Wortschatzarbeit (→ Hut, Schirmmütze, Baseballkappe, Ohrenschützer bzw. Glas, Tasse, Becher usw.).

Die Suchaufträge lassen sich natürlich auch auf sprachliche Aspekte ausweiten, etwa so: Wie oft wird im Buch das Wort „Tomate" benutzt? – Welche Bezeichnungen (→ Räuber, Kerl, verdächtige Person, Flüchtender ...) werden für Tomate verwendet?

KV Seite 39

Ein Urteil über Vorurteile

Die „Ermittlungsergebnisse" von KV Seite 20 und Seite 21 werden aufgegriffen und zum Abschluss gebracht. Gedankenloses Verhalten (→ Bäcker) und übereifrige oder falsch verstandene Pflicht (→ Polizist) werden durch gesunden Menschenverstand und mutiges Eingreifen (→ Pix) besiegt.

Spätestens nach dem Ausfüllen dieses Arbeitsblattes dürfte allen Kindern das Anliegen des Buches bewusst geworden sein. Sie sind dem Begriff „Toleranz" (der ggf. eingeführt und erklärt werden kann) hoffentlich ein Stückchen näher gekommen und deshalb in der Lage, Vorurteile zu entlarven und ihnen kritischer entgegenzutreten.

Lösungen

1. Der Bäcker hat einen Mann mit roter Nase in den Laden kommen sehen. Er denkt, dies sei der gesuchte Räuber. Zu seiner Verteidigung kann der Bäcker nur anführen, dass der Mann seinen Laden betreten habe.
2. Tomate weiß nicht, warum die beiden ihn verfolgen. Er wird unschuldig gehetzt und will sich selbst in Sicherheit bringen.
3. Das ist Fabian Pix. Auf Buchseite 16 sagt Pix, dass er nicht an Tomates Schuld glaubt, weil sich alle Vorfälle aufgeklärt haben und die Beschuldigung Tomates nur ein Gerücht gewesen sein könne.
4. Kern geht auf Pix' Einwände nicht ein und verfolgt Tomate weiter. Man könnte ihm klarmachen, dass er sich nicht an Tatsachen gehalten hat und nicht von Tomates Unschuld ausgegangen ist. Kern hat dem Druck der Massen nachgegeben und einzig die rote Nase – Symbol der vermeintlichen Täterschaft – in Betracht gezogen.

Weitere Anregungen

Gerüchte und wie sie entstehen

Du kennst sicher das Spiel „Stille Post". Spielt einige Runden miteinander. Merkst du, wie wenig von der Ausgangsbotschaft übrig bleibt? – Kannst du dir jetzt besser vorstellen, wie Gerüchte entstehen?

Rollenspiel

Spielt die Szene auf Seite 20 in einem kurzen Rollenspiel nach. Hättet ihr anders reagiert als die Leute in der kleinen Stadt? Wie hätten sie sonst reagieren können?

KV Seite 40/41

So ist die Geschichte aufgebaut
Am Ende eine Wende

Für schwächere Klassen wird ein gemeinsames Erarbeiten dieser Arbeitsblätter an der Tafel und die anschließende Übertragung der Ergebnisse ins Heft empfohlen. Leistungsstarke Gruppen können den Aufbau und den Ausgang der Geschichte anhand einer Arbeitsanleitung weitgehend selbstständig rekonstruieren.

Der Aufbau eines Aufsatzes lässt sich anhand der „W"-Fragen nachvollziehen: → Wer? Tomate und die Bewohner einer (→ Wo?) kleinen Stadt. → Wann? Die Geschichte beginnt an einem Februartag und endet im Herbst (= Einleitung).

Der Hauptteil erzählt, was geschieht und wie es genau abläuft – und manchmal auch, warum es geschieht (→ Die unüberlegte Hetzjagd macht einen Menschen zum Einbrecher.). Der Schluss klärt alles auf und rundet die Geschichte mit einem Happy End für Tomate ab.

Lösungen

1. Tomate, Kommissar Kern, Stadtrat Pix, mehrere Kinder und Erwachsene; in einer Stadt; von Februar bis zum Herbst
2. Was geschieht? – Wie kommt es dazu?
3. Tomate flieht (= Höhepunkt seines Unglücks; Buch, Seite 13).
4. Ihm wird die Hausverwalterstelle angeboten (= Wendepunkt in seinem Leben, Buch, Seite 27).
5. Nun ist er wieder er selbst, man glaubt ihm und er ist glücklich.

KV Seite 42–45

Das Tomate-Spiel

Das Würfelspiel für maximal vier Mitspieler lenkt nochmals die Aufmerksamkeit der Kinder auf den Titelhelden Tomate, indem sein Weg vom gemobbten Außenseiter zu einem glücklichen und integrierten Mitglied der Gesellschaft auf visuelle Weise nachgezeichnet wird. Diese Entwicklung drückt sich nämlich auch durch seine Körperhaltung und teilweise durch seine Mimik aus.

Die Kinder würfeln reihum. Wer auf ein Feld mit dem rennenden Tomate kommt, ahmt eine der auf dem Spielplan abgebildeten Haltungen (es handelt sich um Bilder/ Situationen aus dem Buch) nach. Der Nächste versucht zu erkennen, welche Haltung dargestellt wird. Richtig erkannt? Dann dürfen Rater und Nachahmer je ein Feld vorrücken.

Der Einsatz der Frage- und Ereigniskarten ist variabel: Man kann das Spiel ganz ohne Karten spielen und sich auf das Nachahmen und Erkennen der Körperhaltungen konzentrieren. Alternativ nimmt man nur die Fragekarten (?) bzw. nur die Ereigniskarten (!) hinzu – oder man verwendet beide Kartensätze.

Alle weiteren Angaben zur Durchführung finden sich auf dem Spielplan selbst (→ Seite 42/43; Fragekarten: Seite 44; Ereigniskarten: Seite 45).

KV Seite 46

Die Spur führt nach China

Eine tolle Wahrnehmungs- und Konzentrationsübung! Auf den ersten Blick erkennt man nur ein Wirrwarr aus unterschiedlichen Zeichen, doch bei näherem Hinsehen entdeckt man Ähnlichkeiten und sogar, wie hier gefordert, identische Zeichen. Übrigens steht das erste Zeichen, die „laufenden Beine", für „Mensch" und das zweite, der „Zinken", für „Nase".

Das Einkreisen der Satzzeichen weckt die Aufmerksamkeit der Kinder für diese Gemeinsamkeit zwischen der lateinischen und der chinesischen Schrift. Eine Abweichung gibt es lediglich bei den Anführungszeichen: 「」

Lösungen

1. 人: 3-mal; 子: 4-mal
2. Satzzeichen: ，：！。
   Weitere Zeichen, die mehr als einmal vorkommen, sind z. B.: 大 und 了
3. Die Tüftleraufgabe lässt sich mithilfe der Seite 2 im Buch lösen. Es handelt sich um das Impressum. Die Schriftzeichen vor den Namen Ursel Scheffler und Jutta Timm bedeuten wahrscheinlich „Autorin" bzw. „Illustratorin". Die Zahlen und Schriftzeichen unten links weisen vermutlich auf das Erscheinungsdatum hin. Oben rechts steht die ISBN. Die längere Zahlenfolge bezeichnet möglicherweise die Telefonnummer des Verlags.

Weitere Anregungen

„Alle nannten ihn Tomate" wurde in viele Sprachen übersetzt (siehe Buch, Seite 30/31) und heißt nicht in allen Ländern gleich, sondern wurde z. B. unter dem Titel „Der Fremde" („The Stranger", China) oder „Der Mann mit der Tomatennase" („The Man with the Tomato Nose", Großbritannien) veröffentlicht. In Deutschland hieß das Buch zuerst „Kennwort Tomate".

- Gefällt dir einer der drei Titel besser als „Alle nannten ihn Tomate"? Begründe.
- Wie würde das Buch bei dir heißen? – Führt eine Abstimmung durch: Welcher Titel findet die meiste Zustimmung? Ausweitung: Die Kinder dürfen vor der Abstimmung für ihren Lieblingstitel Werbung machen.

KV Seite 47/48

Deine Meinung ist gefragt
Meine Buchempfehlung

Die beiden abschließenden KVs fordern die Kinder zu einer rückblickenden Bewertung der gesamten Lektüre auf. Bei ihrer Meinungsäußerung und der Auswahl einer persönlichen „Lieblingsperson" (die übrigens nicht notwendigerweise sympathisch sein muss) sollten nachvollziehbare Begründungen nicht fehlen (erste und zweite Aufgabe). Beim Auswählen einer Szene aus dem Buch, die ihnen besonders im Gedächtnis haften geblieben ist, sind die Kinder völlig frei in ihrer Entscheidung (letzte Aufgabe). Im Unterrichtsgespräch können sie sich mit ihren Klassenkameraden über ihre Wahl und ihre Zeichnungen austauschen.

Bei ihrer Buchempfehlung (KV Seite 48) sind sie aufgefordert, nochmals kritisch zu hinterfragen, was ihnen im Einzelnen an dem gelesenen Buch missfallen und gefallen hat. Außerdem dürfen die Kinder kurz auf ihr Lieblingsbuch eingehen. Wenn das Buch auf ein großes Echo gestoßen ist, kann die Klasse gemeinsam eine Rückmeldung an die Autorin verfassen und ihr über den Verlag zukommen lassen.

Name:

Worum geht es in diesem Buch?

Lies die Seite 4 im Buch aufmerksam durch und entscheide.

	richtig	falsch
a) Ein Mann lebt in einem Dorf.	❑	❑
b) Die Nase des Mannes leuchtet rot.	❑	❑
c) Die Nase ist vom Schnapstrinken rot.	❑	❑
d) Der Mann hat sich die Nase vor vielen Jahren erfroren.	❑	❑
e) Besonders rot leuchtet seine Nase im Sommer.	❑	❑
f) Niemand kann seinen Namen aussprechen.	❑	❑
g) Der Mann heißt Tomate.	❑	❑
h) Seine Nase hat die Form einer Tomate.	❑	❑

Kennzeichne rot, was Tomate dabeihat oder trägt. Umkreise blau, was er nicht trägt, und grün, wovon wir nichts wissen.

Socken
Mütze
Schirm
Stock
Rock
Handschuhe
Krawatte
Hose
Schal
Anorak
Mantel
Pullover
Brille
Hut

Name:

schreiben lesen malen rätseln singen suchen

Siehst du auch rot?

kohl barsch ziegel signal

Rot wein kehlchen rot

licht schwänzchen knall

käppchen buche haut Morgen Abend

Schreibe alle Verbindungen mit „Rot" und „rot" auf.
Schlage nach, was du nicht kennst.

Klärt im Gespräch: Welche Wörter bezeichnen Vögel?
Welches Wort einen Fisch? Welches eine Märchenfigur?

Noch mehr rot! Vier neue Wörter entstehen. Schreibe sie auf.
Was musst du beachten?

rot wie Blut:

rot wie Feuer:

rot wie eine Tomate:

rot wie Wein:

Auf roter Spur

Hier versteckt sich das Wort ROT insgesamt 14-mal. Kennzeichne die Buchstabengruppe ROT mit einem roten Buntstift. Suche senkrecht (von oben nach unten) und waagerecht (von links nach rechts). Rahme dann das Wort, in dem ROT versteckt ist, mit Bleistift ein.

W	Q	B	R	O	T	A	D	S	E	R	T
T	Z	U	I	O	R	P	A	C	S	D	T
R	F	G	H	J	O	R	L	H	Y	R	R
O	X	C	G	B	T	O	M	R	N	O	O
T	K	A	R	O	T	T	E	O	B	T	T
Z	W	Q	O	T	Z	E	I	T	P	T	Z
D	U	D	T	F	J	S	M	T	Q	W	I
E	C	Y	T	G	F	T	I	M	P	E	G
M	V	X	E	Q	A	S	U	N	R	I	E
K	F	R	O	T	T	E	E	B	O	L	R
L	R	O	T	Z	T	R	O	T	T	E	L
Z	D	H	K	R	T	E	I	H	Z	R	V
S	C	H	M	A	R	O	T	Z	E	R	C
D	F	G	H	J	K	Q	W	D	N	U	I

Male alles rot an, was rot sein kann.

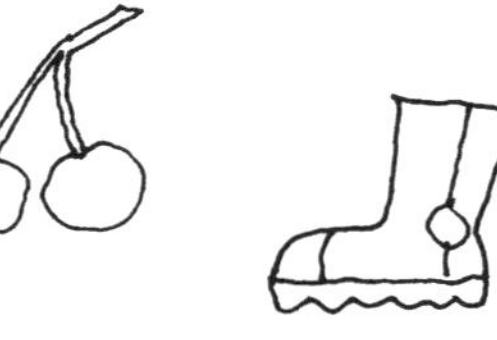

Zeichnungen von Svenja Wetzker

Name:

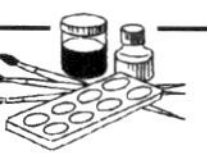
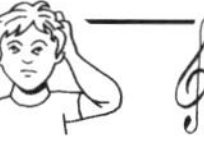

schreiben **lesen** malen rätseln singen **suchen**

Was Zeugen aussagen

Was hältst du von den Zeugenaussagen auf Seite 8? Hat die Polizei hilfreiche Angaben bekommen?

Notiere, wie der Räuber laut Aussage der Zeugen aussieht.

____

____

____

Stell dir vor, du bist ein Zeuge und sollst alles sagen, was du bisher über Tomate erfahren hast. Denke dabei auch an Kleinigkeiten.

Die folgenden Wörter helfen dir beim Erstellen deiner Beschreibung. Male zunächst vor allen Wörtern, die etwas Passendes über ihn aussagen, die Tomate an.

- ○ Krawatte
- ○ Hut
- ○ Schirm
- ○ Mantel
- ○ Mütze
- ○ Hose
- ○ Schuhe
- ○ Manteltaschen
- ○ Augenbrauen
- ○ Haare
- ○ Brille
- ○ Nase
- ○ Ohren
- ○ Schal
- ○ Fransen

- ○ humpeln
- ○ tuscheln
- ○ schreien
- ○ frieren
- ○ beobachten
- ○ rennen
- ○ einkaufen
- ○ ausrauben

- ○ abgewetzt
- ○ schäbig
- ○ neu
- ○ braun
- ○ grün
- ○ schlank
- ○ groß
- ○ löchrig
- ○ unauffällig
- ○ kariert
- ○ buschig
- ○ alt
- ○ schick
- ○ modern
- ○ rot
- ○ blau
- ○ dick
- ○ klein
- ○ gestreift
- ○ auffällig
- ○ gepunktet

____

____

____

Name:

Und was weißt *du* über Tomate?

Überprüfe deine Beschreibung Tomates. Welche Informationen hast du aus dem Text, welche durch die Bilder von Tomate?

Schreibe in der Liste auf dem Blatt „Was Zeugen aussagen" ein T hinter alle Begriffe, über die du etwas aus dem Text erfährst, und ein B hinter alle Informationen, die du den Bildern entnommen hast.

Was ist deiner Meinung nach Tomates auffälligstes Kennzeichen?

Überlege: Ist deine Beschreibung von Tomate sehr viel deutlicher als die der Personen im Buch?

Kann Kommissar Kern ihn damit wirklich finden? ❑ Ja. ❑ Nein.

Begründe.

Wie hätte Kern auf die Zeugenaussagen reagieren müssen?

Name:

schreiben lesen malen rätseln singen suchen

Wie konnte das passieren?

Tomate wird unschuldig zum Verbrecher gemacht. Wie konnte es dazu kommen?

Lies dir die Seiten 6 und 10 (unten) noch einmal genau durch und trage deine Ermittlungsergebnisse in die Tabelle ein:

Das tut Tomate:	So reagieren die anderen:	Warum reagieren die Menschen so?
Seite 6: Er sieht den Kindern beim Spielen zu.		
Seite 6: Er zieht den Schal vor das Gesicht.		
Seite 10: Er geht in eine Bäckerei, um Brot zu kaufen.		

Versuche kurz zu erklären, wie es zu diesen Reaktionen kommt.

Welche Folgen haben die Reaktionen für Tomate?

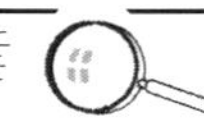

Name:

schreiben **lesen** malen **rätseln** singen suchen

Durcheinandergeraten (1)

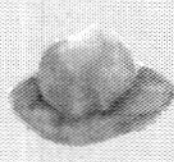

**Schneide die Streifen aus und ordne die Sätze.
Das Buch (Seite 13 bis 15) hilft dir dabei.**

✂

Weil das Haus nicht verschlossen war, ging er hinein.	R
Obwohl er von der Kälte wach wurde und fror, entfachte er kein Feuer, weil er fürchtete, der Qualm könnte sein Versteck preisgeben.	E
Tomate irrte so lange umher, bis er ein altes, leer stehendes Haus fand.	F
Auf dem Rückweg hatte er ein schlechtes Gewissen, denn er war eigentlich kein Räuber. Er vergewisserte sich, dass ihm keiner hinterherkam.	N
Um nicht zu verhungern, verließ er im Dunkeln seine Unterkunft, um sich Nahrung aus Scheunen und Schuppen zu beschaffen.	R
Die Decke, den Pulli und das Obst, das Tomate aus einem fremden Keller mitnahm, vermisste niemand.	E
Am Ende seiner Kräfte deckte er sich mit seinem Mantel zu und schlief sofort wie ein Stein.	I

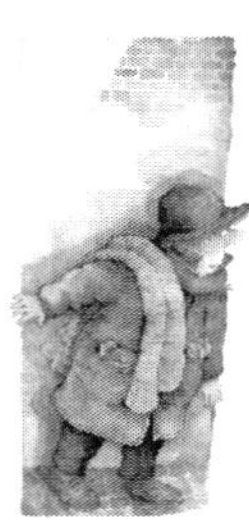

Wenn du die sieben Satzstreifen richtig geordnet hast, ergeben die einzelnen Buchstaben darauf das Lösungswort. Trage es ein.

Tomate deckt sich mit einer Decke zu und zieht einen alten Pullover an, denn er möchte nicht mehr ______________.

Name:

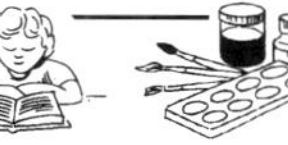

schreiben lesen malen rätseln singen suchen

Durcheinandergeraten (2)

Schneide die Streifen aus und ordne die Sätze.
Das Buch (Seite 13 bis 15) hilft dir dabei.

✂

Die Tür stand offen. Er ging hinein.	R
Tomate erwachte, weil er fror. Aber er wagte nur für kurze Zeit, ein Feuer anzuzünden, aus Angst, der Rauch könnte ihn verraten.	E
Nach langem Herumirren entdeckte Tomate ein altes, verlassenes Haus.	F
Und als er in das alte Haus zurücklief, sah er sich ängstlich um, ob ihn auch niemand verfolgte.	N
Er wartete immer die Nacht ab, ehe er sein Versteck verließ. Er stahl Kartoffeln und Rüben aus Scheunen und Schuppen.	R
Einmal entdeckte er ein offenes Kellerfenster und kletterte hinein. Er holte sich eine warme Decke und einen alten Pullover. Dazu ein Glas mit eingemachten Kirschen. Die Leute bemerkten es gar nicht.	E
In einer Ecke lag eine alte Matratze. Er wickelte sich fest in seinen Mantel und schlief erschöpft ein.	I

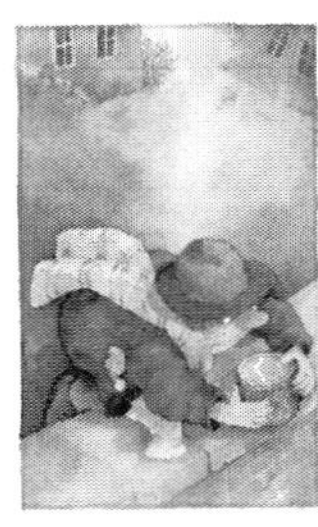
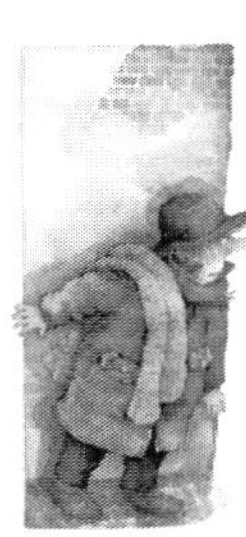

Wenn du die sieben Satzstreifen richtig geordnet hast, ergeben die einzelnen Buchstaben darauf das Lösungswort. Trage es ein.

Tomate deckt sich mit einer Decke zu und zieht einen alten Pullover an, denn er möchte nicht mehr ______________.

Name:

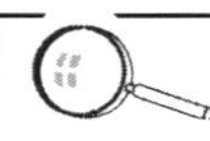

schreiben **lesen** malen **rätseln** singen suchen

Wer bin ich?

Wen vermutest du hinter den folgenden Aussagen? Schneide die Streifen unten aus und klebe sie unter das passende Bild. Ordne jedem Kind einen Namen zu.

A	B	C	D
Aussage	Aussage	Aussage	Aussage
Name	Name	Name	Name

Buchstabe ☐	Buchstabe ☐	Buchstabe ☐	Buchstabe ☐
Ich esse gern Hamburger und Pommes mit viel Mayo – dazu trinke ich am liebsten Cola.	Ich lese furchtbar viel! Deshalb weiß ich auch schon eine ganze Menge.	Ich spiele dreimal in der Woche mit meinen Freunden Fußball.	Ich liebe Matchboxautos. Soll ich dir meine riesige Sammlung zeigen?
Lars	Paula	Kirsten	Ali

Vergleicht eure Vermutungen. Warum habt ihr so entschieden?

Ob du recht hattest, erfährst du, wenn du nachliest, wie sich die vier Kinder selbst vorstellen (→ Arbeitsblatt „Das bin ich!“).

Name:

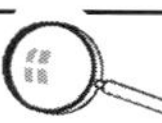

schreiben **lesen** malen **rätseln** singen suchen

Das bin ich!

Lies die Aussagen der vier Kinder.
Musst du deine vorherigen Vermutungen korrigieren? Verbinde jede Aussage mit dem Bild des dazugehörigen Kindes.

Ich heiße Ali und esse für mein Leben gerne Hamburger. Die gibt's aber selten, weil sie so fettig sind. Zum Ausgleich mach ich dann Inlineskating mit meinen Freunden. Ich habe kurze Hosen und ein Trikot meines Lieblingsfußballvereins an.

Eigentlich heiße ich Lars, aber meine Freunde nennen mich „Professor", weil ich meine Nase ständig in irgendwelche Bücher stecke. Heute habe ich Shorts und ein T-Shirt mit Autos drauf an.

Ich bin die Kirsten und sammle Matchboxautos. Ich besitze schon eine riesige Kiste voll. Wie du mich erkennst? Ich habe kurze Haare, trage eine Brille und ein gestreiftes T-Shirt.

Mein Name ist Paula. Weil ich ziemlich gut in der Schule bin, muss ich nicht so viel üben. Stattdessen spiele ich gern mit meinen Freunden Fußball. Ich bin aber trotzdem nicht so dünn wie die. Ich trage eine Jeans und ein langärmeliges T-Shirt mit Punkten.

Vergleiche deine Lösung mit den Vermutungen, die du zuvor angestellt hast. Sind deine Antworten unterschiedlich ausgefallen? Dann bist du wohl auf übliche Vorurteile reingefallen …

Notiere kurz, welches wichtige Stichwort dich zu deiner ersten Lösung geführt hat. Hast du falsch getippt? Welchem Vorurteil bist du damit „aufgesessen"?

Name:

schreiben **lesen** malen rätseln singen suchen

Wörterdieb am Werk

 Ergänze, was fehlt. Du findest die passenden Wörter auf Seite 16.

Tomate hörte nicht,

dass sich zwei Männer

dem Haus __________.

Der eine war

__________ Kern

und der andere Stadtrat Pix.

„Das alte __________ ist zu nichts mehr zu gebrauchen",

sagte Kern. „Die reinste __________."

„Es wird sowieso __________. Aber der Platz ist genau

richtig für unser neues __________."

Tomate __________, dass ein __________ gekommen sei,

um sich auf ihn zu __________. Er stieß einen __________ aus,

sprang auf und __________ davon.

„Das ist doch der __________ Tomate!", rief Tobias Kern

__________.

„Der Räuber Tomate?", fragte Fabian Pix __________. „Ich dachte,

das war nur ein __________. Der __________ und der

__________ sind ja längst __________. Und das

kleine __________ hatte sich doch bloß verlaufen."

Name:

schreiben lesen malen rätseln singen suchen

Spitznamen – lieb gemeint, oder?

Hinter Namen wie „Tomate“ können verschiedene Absichten stecken. Manchmal sind es einfach lustige Namen, die Freunde sich untereinander geben; sie werden ______namen genannt. Häufig sind solche Namen lieb gemeint und werden zum Beispiel von Eltern für ihre Kinder benutzt. Man nennt sie dann ______. Mitunter sollen aber Namen den anderen bewusst verletzen. Dann spricht man von ______.

Ordne die folgenden Namen zu. Markiere sie in drei verschiedenen Farben: Spitznamen gelb, Kosenamen grün und Schimpfnamen rot. Male auch die Smileys in diesen Farben an.

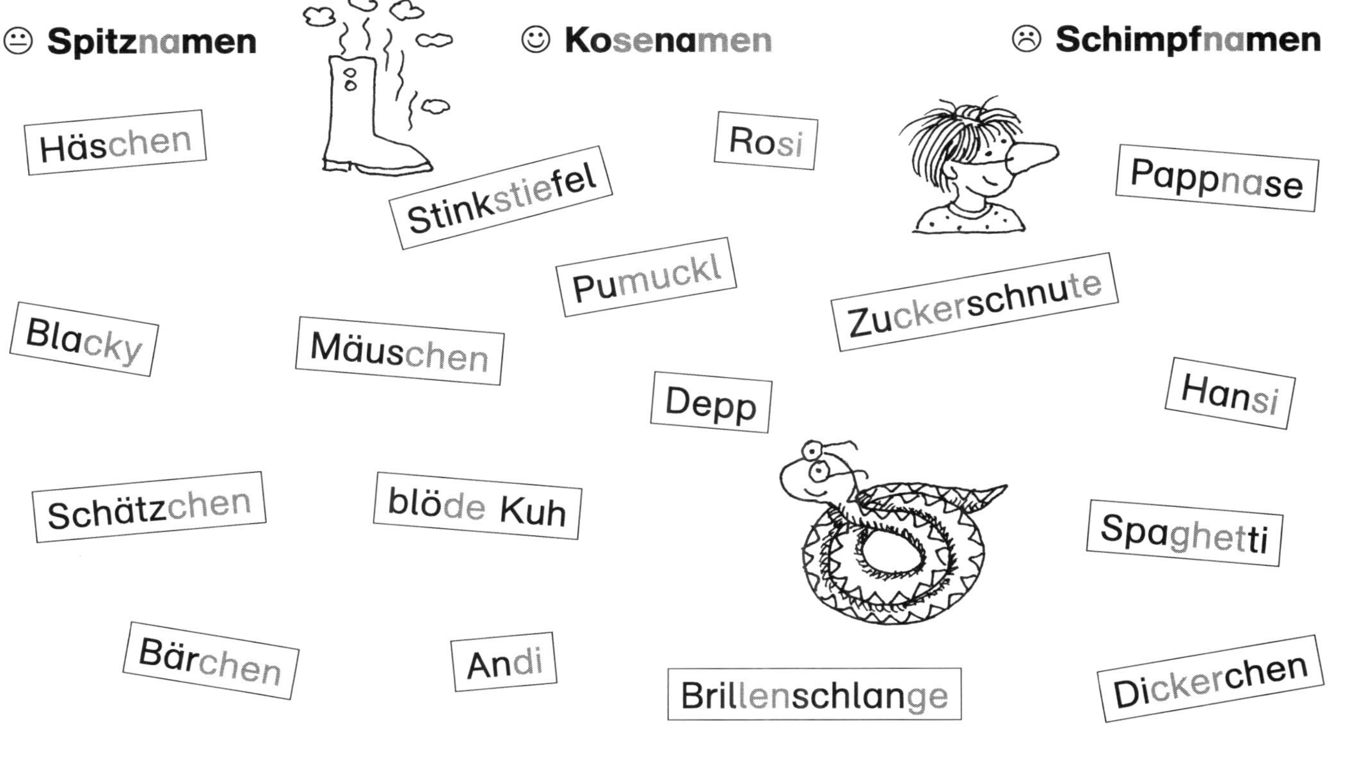

Findest du eigene Beispiele?

Name:

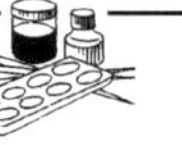   

schreiben lesen malen rätseln singen suchen

Laufen lassen ist keine Lösung

Finde den Lösungssatz.

Seite	Zeile	Wort	Buchstabe	ganzes Wort	gesuchte Buchstaben (in Großbuchstaben)
6	13	1	4, 5, 6		__ __ __
8	3	1	3, 4		__ __
13	9	5	6		__
14	5	7	4, 5		__ __
15	6	8	4		__
16	5	8	2, 3, 4		__ __ __
19	4	2	1, 2		__ __
20	4	4	1		__
20	8	1	2		__
20	15	2	1		__
23	10	7	1, 2		__ __
23	14	1	5, 6		__ __
24	4	9	2, 3, 4		__ __ __

Der wichtige Satz, der die Hilfsaktion für Tomate auslöst, lautet:

„__ .“

Wer sagt diesen Satz?

Wo steht der Satz im Buch? Seite: ________ Zeile: ________

Name:

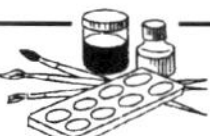

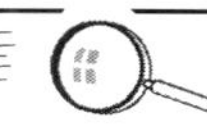

schreiben lesen malen rätseln singen suchen

Termine – Termine!

An einem trüben Sonntagabend sitzt Tomate auf seinem alten Stuhl. Er überlegt, was er in der vergangenen Woche gearbeitet hat, bringt aber alles durcheinander …

Kannst du dich noch erinnern, was Tomate an welchem Tag gemacht hat? Verbinde.

Am Montag

war er allein.

Am Dienstag

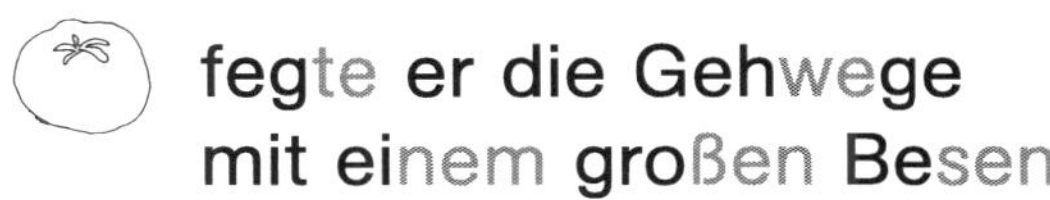

fegte er die Gehwege mit einem großen Besen.

Am Mittwoch

arbeitete er auf dem Wochenmarkt.

Am Donnerstag

leerte er Papierkörbe im Stadtpark.

Am Freitag

putzte er die Fensterscheiben im Omnibusdepot.

Am Samstag und Sonntag

half er bei der Müllabfuhr.

Schreibe die ganzen Sätze fehlerfrei in dein Deutschheft.

Welche Arbeit erledigte Tomate an dem Tag, der auf dem Wochenkalender mit der Klammer markiert ist?

Name:

schreiben lesen malen rätseln singen suchen

Arbeit für Tomate

Schau dir Tomates Wochenplan auf Seite 24 an.

Kannst du dir vorstellen, solche Arbeiten zu verrichten? ❑ Ja, ❑ Nein,

weil

Was würde dir daran gefallen?

Was wäre überhaupt nichts für dich?

Würden dir noch andere Aufgaben für Tomate einfallen?

Was könntest du tun, damit Tomate nicht so allein ist?

Hätte Tomate nicht allen Grund, jetzt glücklich zu sein?
Erkläre, warum er es nicht ist.

Name:

schreiben lesen malen rätseln singen suchen

So ist Versöhnung!

Gegen Tomate liegt nichts vor.
Er wird freigelassen (Buch, Seite 23).
Den meisten Leuten ist das egal.
Stadtrat Pix ist der Einzige, der Tomate nicht sich selbst überlässt …

Wer könnte sich außerdem für Tomate einsetzen oder sich bei ihm entschuldigen? Wie könnte eine Entschuldigung oder eine Wiedergutmachung aussehen?

Wer?	Wie? Womit?
Bäcker	kostenloses Brot für einige Zeit, ______
______	______
______	______
______	______

Name:

Bist du ein guter Zeuge?

Du wirst von Kommissar Kern zu Seite 27 und 28 befragt. Weißt du die richtigen Antworten?

Welche Jahreszeit haben wir gerade? ______

Woran erkennst du das? ______

______

Wie lange kennst du Tomate jetzt schon ungefähr?

______

Wie fühlt sich Pix, als er Tomate nach seinem Namen fragt?

______

______

Beschreibe Tomates Reaktion auf Pix' Stellenangebot.

______

______

Woran erinnert Tomate der Rauch des Kartoffelfeuers?

______

______

Warum ist Tomate jetzt glücklich? ______

______

______

Name:

schreiben lesen malen rätseln singen suchen

Rot, rot, rot – und andere Farben

Kennst du das Lied „Grün, grün, grün sind alle meine Kleider“? Ihr könnt es gemeinsam singen und mit Musik begleiten.

Welche anderen Strophen fallen dir zu „rot“ ein? Sammle zuerst, wofür die Farbe Rot stehen könnte. Denke dabei nicht nur an Kleider und Berufe.

Rot, rot, rot sind ______________________

rot, rot, rot ist alles, was ______________________

Darum ____________ alles, was so ____________ ist,

weil ______________________

Natürlich kannst du statt einer Farbe auch ein ganz anderes Adjektiv einsetzen, zum Beispiel **nass**, wenn dein Schatz ein Bademeister sein soll. Der Text klingt besser, wenn du für „Grün, grün, grün …“ etwas mit drei Silben und für „Jä-ger-meis-ter“ etwas mit vier Silben einsetzt.

Name:

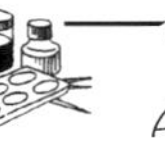

schreiben lesen malen rätseln **singen** suchen

Rote und andere Strophen

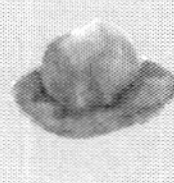

Schreibe eine Strophe zu einer anderen Farbe.
Sammle wieder vorab, wofür diese Farbe steht.

Darum

weil

Du kannst den Liedtext auch umdrehen: Schreibe auf, was du so gar nicht magst, egal, ob es rot ist oder eine andere Farbe hat, zum Beispiel so:

Grün, grün, grün ist keine meiner Speisen,
grün, grün, grün ist gar nichts, was ich mag.
Darum hass ich alles, was so grün ist,
weil Spinat mir überhaupt nicht schmeckt.

Auch hier musst du keine Farbe einsetzen. Du kannst ein ganz anderes Adjektiv nehmen.

Name:

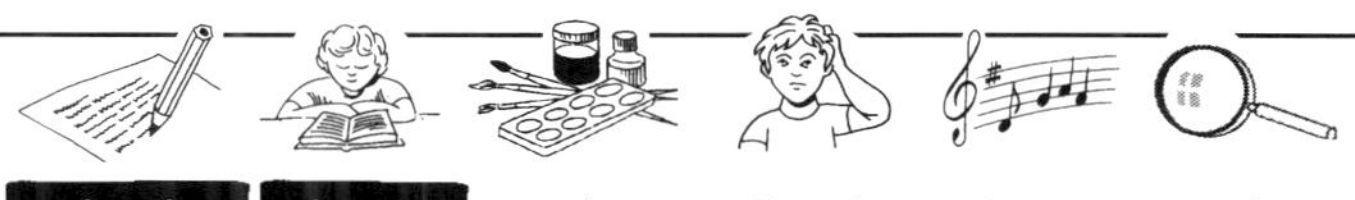

Es gibt was zu berichten

Du bist Reporter bei der Lokalzeitung.
Schreibe einen kurzen Bericht ...

... über den Juwelenraub,
... über den Banküberfall oder
... über die Kindesentführung
(Seite 8 und Seite 16).

Tomate wird verhaftet (Seite 19). Wie stellst du dir seine Vernehmung auf dem Polizeirevier vor? Schreibe darüber.

Wähle unter den folgenden Begebenheiten eine aus und schreibe einen Bericht darüber.

(1) Stadtrat Pix macht Tomate ein Hilfsangebot (Seite 24).
Tomate nimmt es an, aber ...

(2) Das neue Kinderheim (Seite 28) macht ein Einweihungsfest.

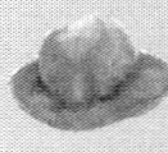

Jetzt bist du Tomate und sitzt frierend in dem verlassenen Haus (Seite 13). Schreibe in dein Tagebuch, was dir durch den Kopf geht.

Name:

schreiben **lesen** malen rätseln singen suchen

Wer ist der Täter? (1)

Begleite Tomate auf den Stationen, die dazu führen, dass die Menschen ihn für einen gefährlichen Räuber halten. Beginne mit der Begegnung im Stadtpark (Buch, Seite 6) und ende bei Kommissar Kerns Notizen auf Seite 8.

Was ist geschehen?

Tomate sieht den Kindern im Stadtpark zu.

Was sagen die Leute dazu?

Junger Mann: „Unsere Kinder haben

Bäcker:

Juwelier:

Ein Kind wird vermisst.

Eltern:

Name:

schreiben lesen malen rätseln singen suchen

Wer ist der Täter? (2)

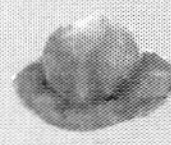

Begleite Tomate auf den Stationen, die dazu führen, dass die Menschen ihn für einen gefährlichen Räuber halten. Beginne mit der Begegnung im Stadtpark (Buch, Seite 6) und ende bei Kommissar Kerns Notizen auf Seite 8.

Was ist geschehen?	**Was sagen die Leute dazu?**
Tomate sieht den Kindern im Stadtpark zu. 	Junger Mann: „Unsere Kinder haben einen verdächtigen Mann im Stadtpark beobachtet! Er hatte eine rote Nase und trug einen komischen alten Hut."
Banküberfall am Postplatz 	Bäcker: „Da rannte vorhin ______ ______ ______
Raub im Juweliergeschäft am Bahnhof 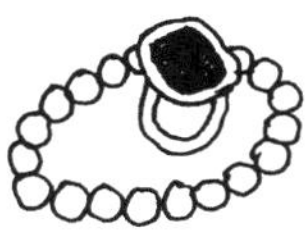	Juwelier: „Der Kerl ______ ______ ______ ______
Ein Kind wird vermisst. 	Eltern: „Wahrscheinlich ______ ______

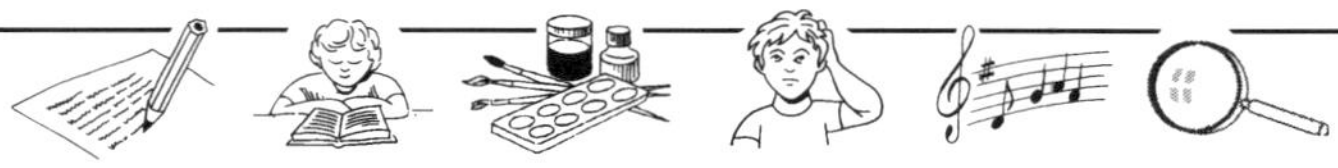

Name:

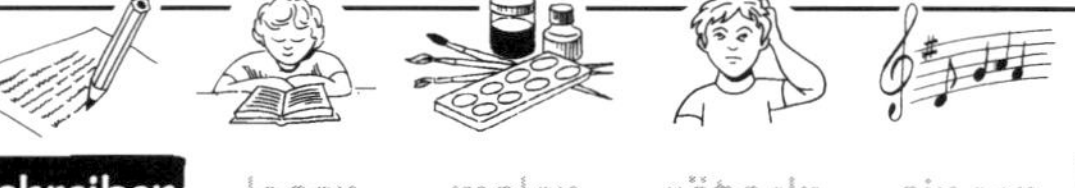

Augenzeugen gesucht

Du weißt: Ein guter Zeuge muss genau beobachten können! Kannst du dich erinnern, wo du die folgenden Dinge im Buch gesehen hast? Mach dich auf Spurensuche und trage ein.

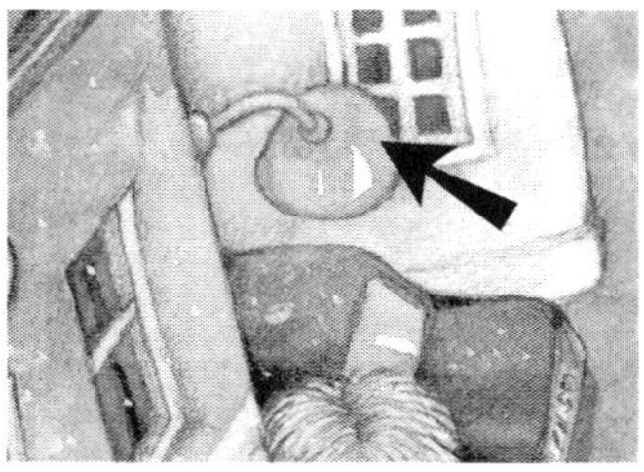

Seite ________	Seite ________	Seite ________	Seite ________
Seite ________	Seite ________	Seite ________	Seite ________
Seite ________	Seite ________	Seite ________	Seite ________
Seite ________	Seite ________	Seite ________	Seite ________

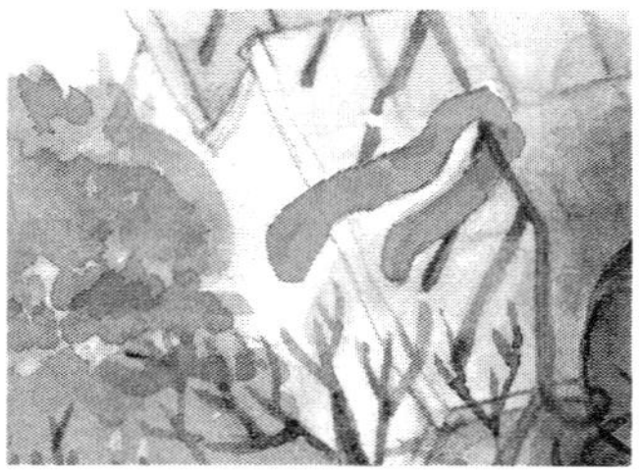

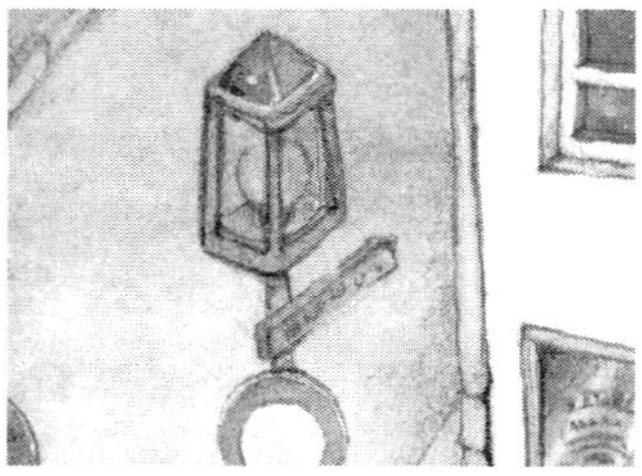

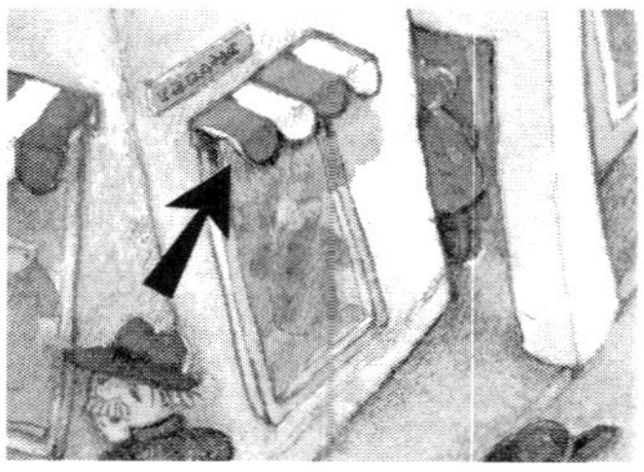

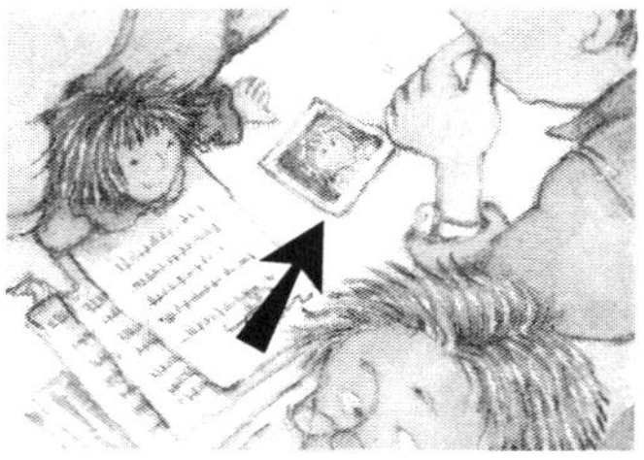

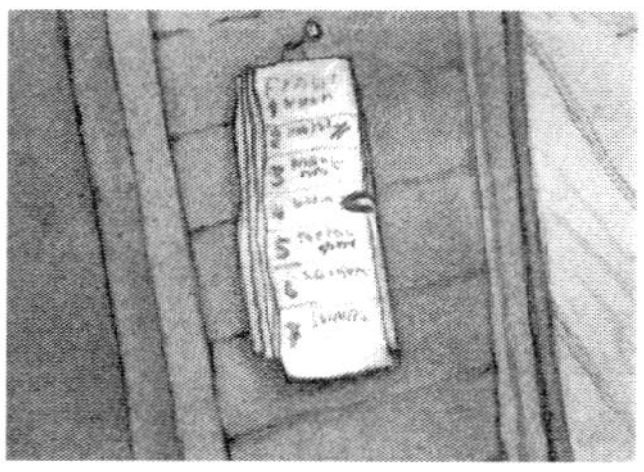

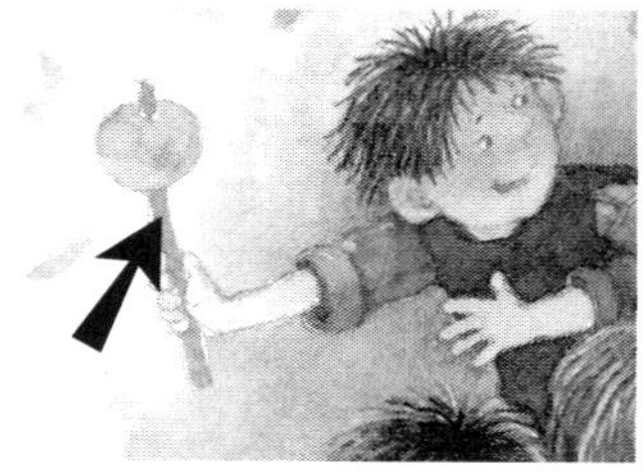

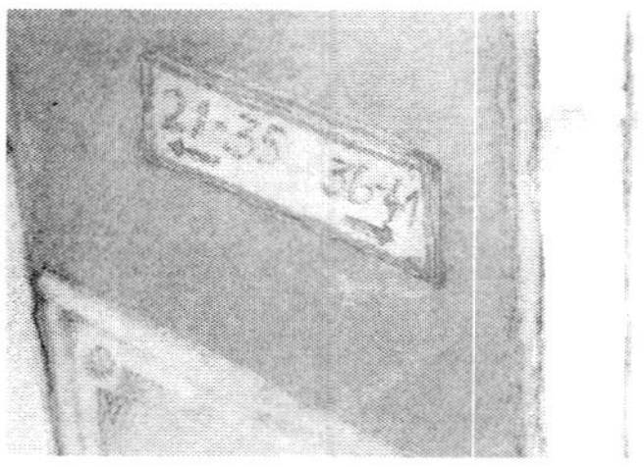

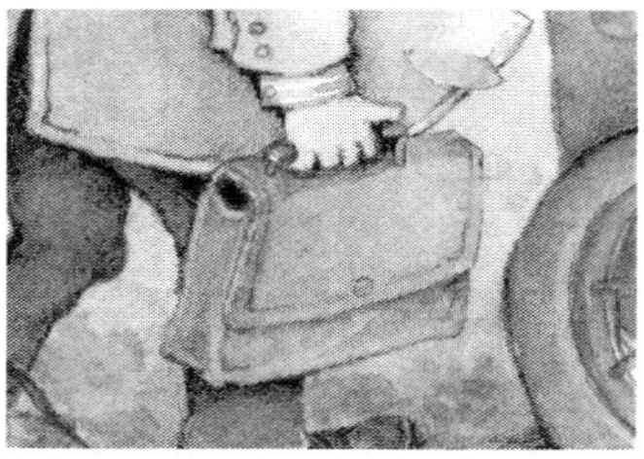

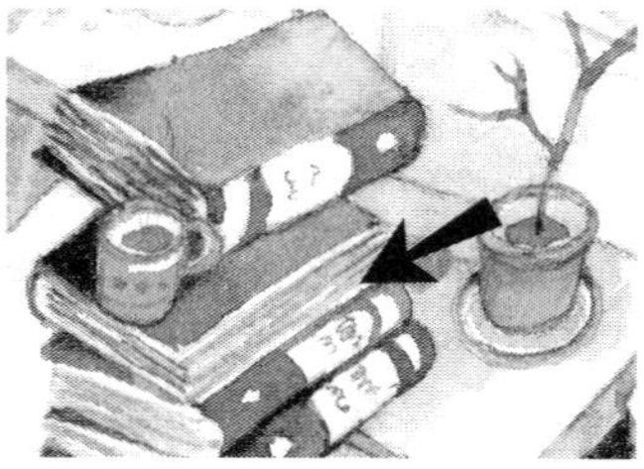

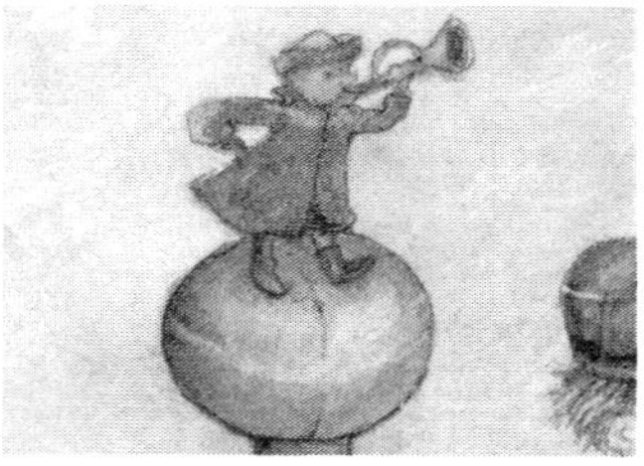

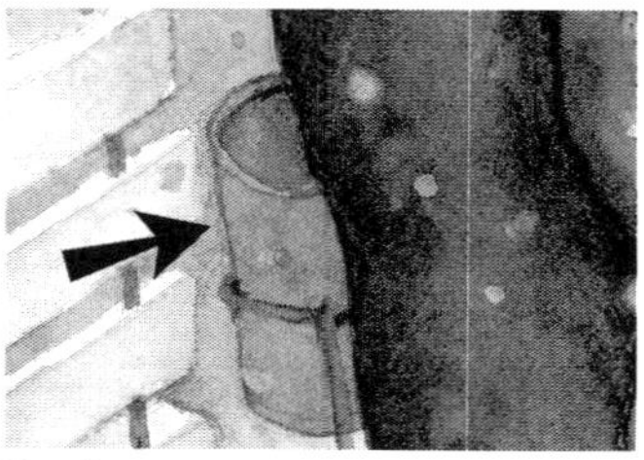

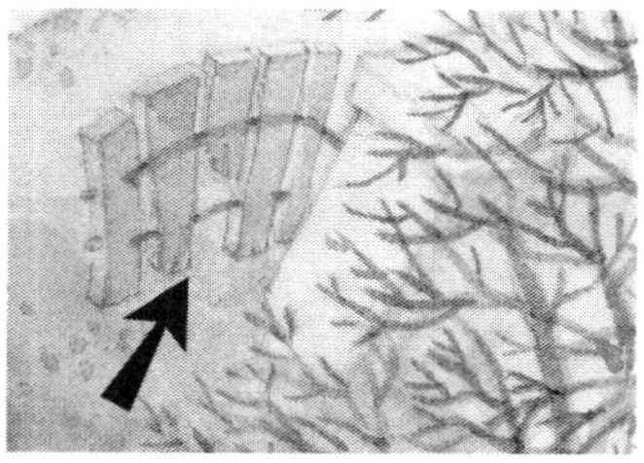

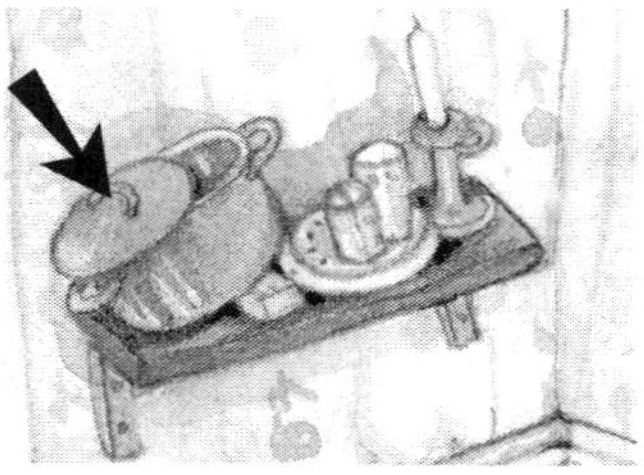

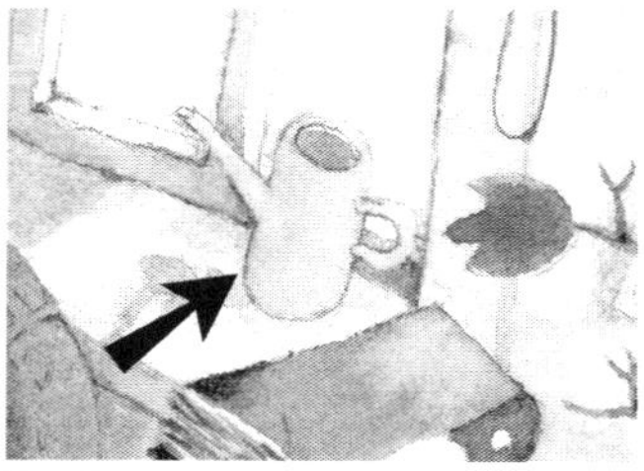

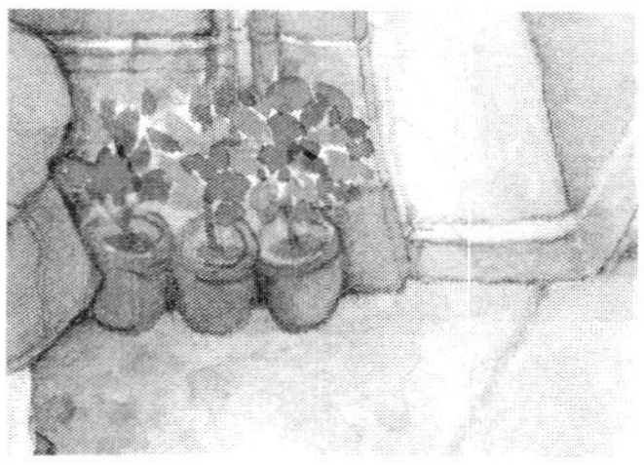

Wie nennt man den gesuchten Gegenstand? Beschreibe genau, wo er sich auf der jeweiligen Seite befindet, zum Beispiel so: rechts auf dem Tisch, links unten neben dem Baum.

Übrigens: Wie viele Hunde findest du im gesamten Buch?

Name:

schreiben lesen malen rätseln singen suchen

Ein Urteil über Vorurteile

Wenige Hinweise genügen den Menschen,
um Tomate zu verurteilen …

Schau dir im Buch die Seite 20 an und überprüfe vor allem, was der Bäcker wirklich gesehen hat (Seite 10).

Das hat er sich nur gedacht: ______________________

____

Das sagt er zu seiner Verteidigung: ______________________

____

Kannst du erklären, warum Tomate – obwohl er unschuldig ist – vor Kommissar Kern und Stadtrat Pix davonläuft (Seite 16)?

____

____

In der ganzen Geschichte hat nur ein Mensch keine Vorurteile und geht nicht einfach so von Tomates Schuld aus. Wer ist das?

Das ist ______________________

Such die Stelle im Buch, die dies beweist, und gib sie in deinen eigenen Worten wieder.

Wie reagiert Kommissar Kern auf die Einwände des einzigen Menschen ohne Vorurteile? Was rätst du ihm? Erzähle.

Name:

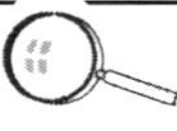

schreiben **lesen** malen rätseln singen suchen

So ist die Geschichte aufgebaut

Die Geschichte von Tomate ist aufgebaut wie ein Berg – und sie enthält alle Teile, die du auch für einen gelungenen Aufsatz brauchst.

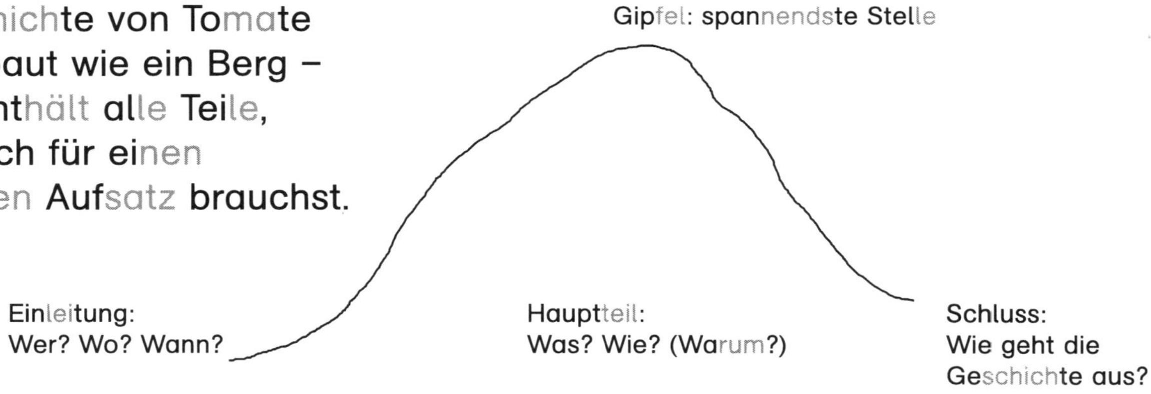

Gipfel: spannendste Stelle

Einleitung:
Wer? Wo? Wann?

Hauptteil:
Was? Wie? (Warum?)

Schluss:
Wie geht die Geschichte aus?

Gibt dir die Einleitung Auskunft über die drei „W-Fragen“?

Wer spielt mit? ______

Wo spielt die Geschichte? ______

Wann spielt die Geschichte? ______

Was sollte im Hauptteil einer Geschichte erzählt werden?

W__ __ g__sch__ __ht?

W__ __ k__ __ __t es __az__?

Der Hauptteil der Tomate-Geschichte beantwortet diese beiden Fragen. Er beschreibt außerdem, warum es zum Unglück kommt.

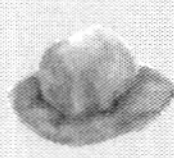

Was passiert an der spannendsten Stelle der Geschichte – am Gipfel des Berges? Belege mit der Seitenzahl im Buch.

______ Buch, Seite: ______

Name:

Am Ende eine Wende

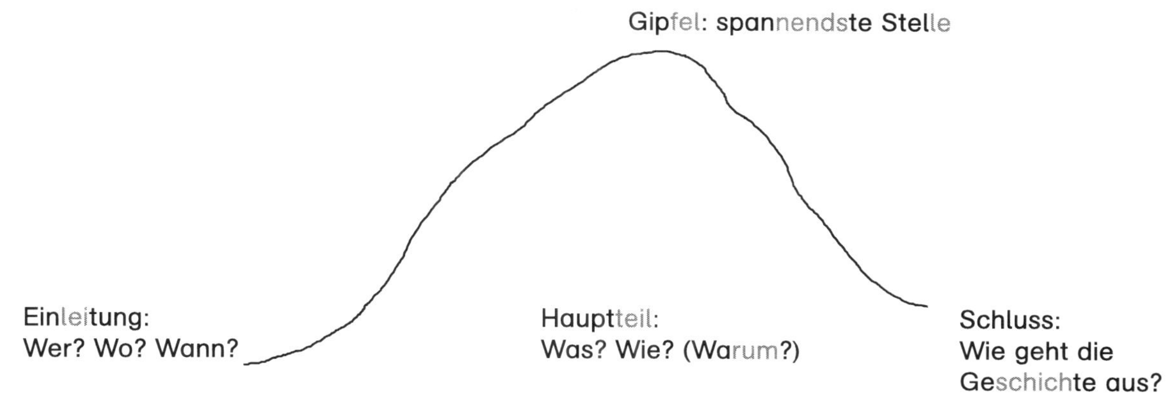

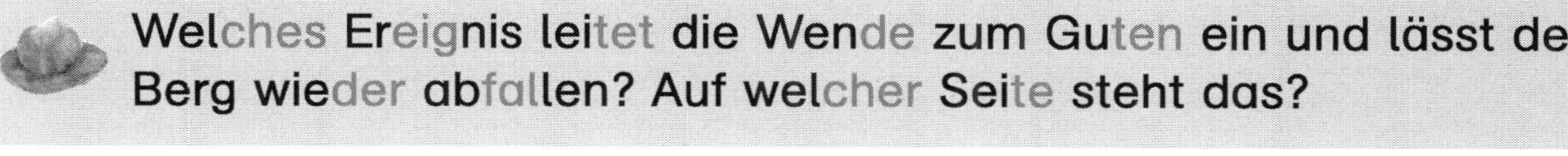

Welches Ereignis leitet die Wende zum Guten ein und lässt den Berg wieder abfallen? Auf welcher Seite steht das?

Buch, Seite: ______

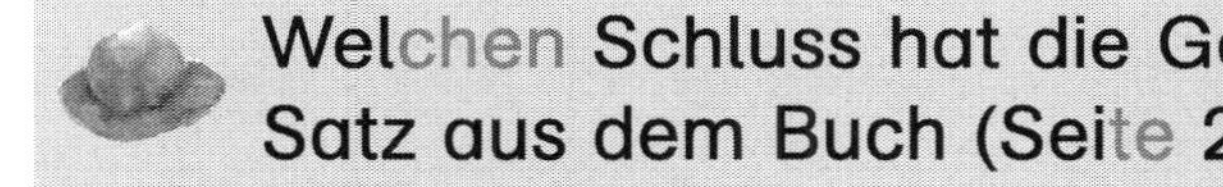

Welchen Schluss hat die Geschichte? Vergleiche dazu den letzten Satz aus dem Buch (Seite 28) mit dem letzten Satz auf Seite 24.

Das Tomate-Spiel

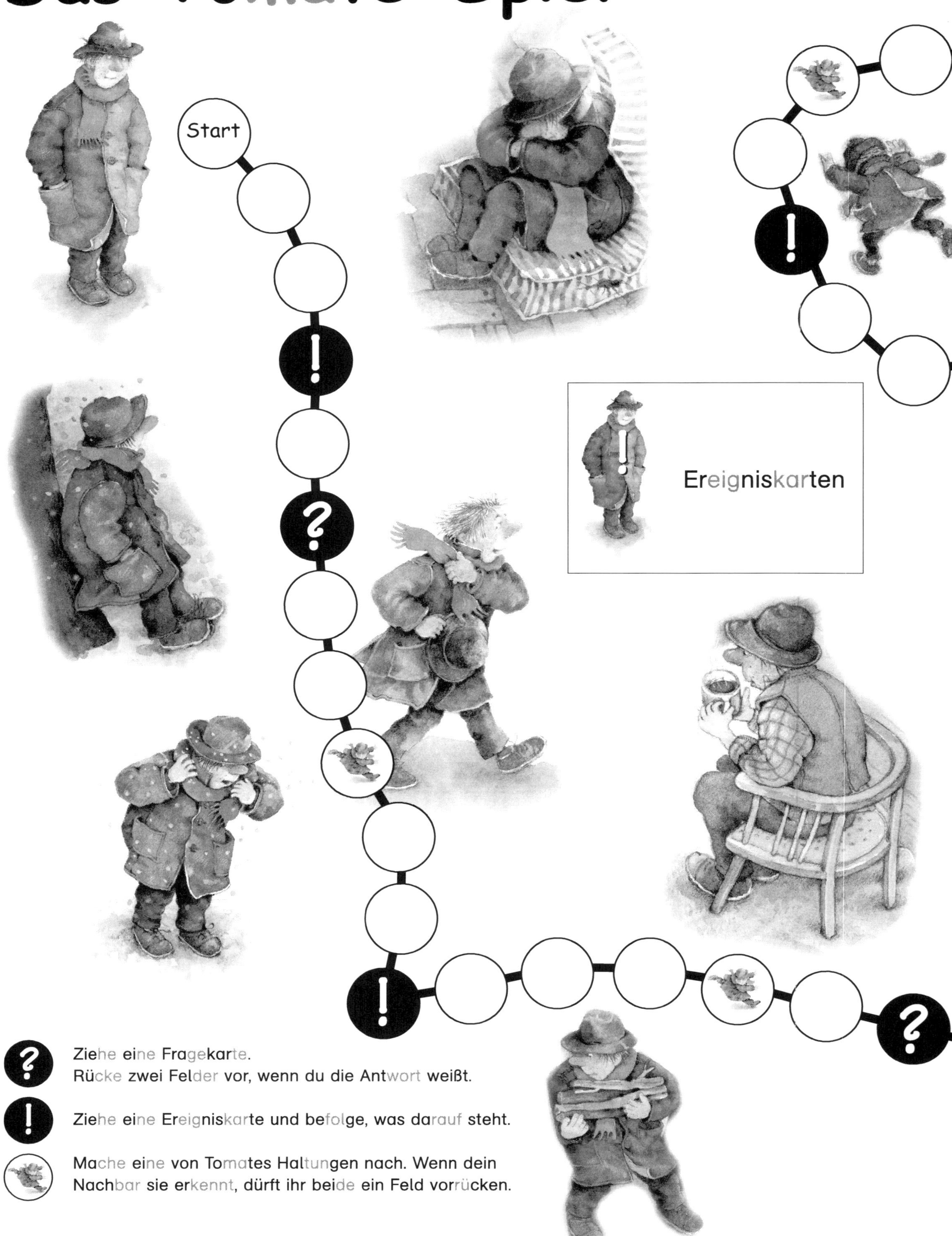

Ziehe eine Fragekarte.
Rücke zwei Felder vor, wenn du die Antwort weißt.

Ziehe eine Ereigniskarte und befolge, was darauf steht.

Mache eine von Tomates Haltungen nach. Wenn dein Nachbar sie erkennt, dürft ihr beide ein Feld vorrücken.

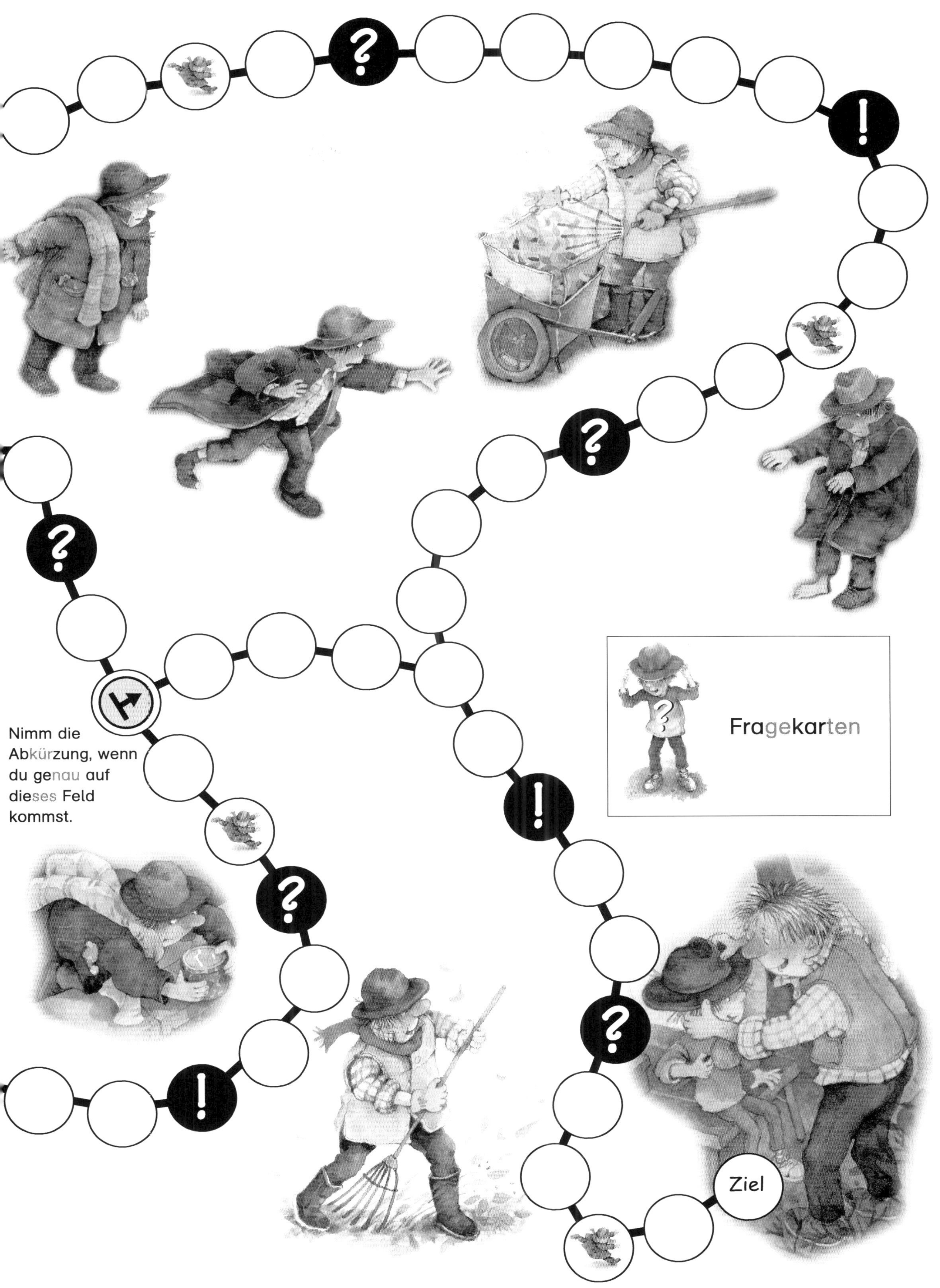
Nimm die Abkürzung, wenn du genau auf dieses Feld kommst.
Fragekarten
Ziel

Das Tomate-Spiel Fragekarten

Welche Farbe haben Tomates Schuhe?

Welchen Beruf hat Tobias Kern?

Wo findet Tomate vorübergehend Unterschlupf?

Was stiehlt Tomate, um nicht zu verhungern?

Was ist mit dem vermissten kleinen Mädchen passiert?

Erfährst du im Buch, wer den Bankraub begangen hat?

Was tut Tomate, als Kommissar Kern ihm hinterherrennt?

Warum bleibt Tomate stehen, als Kommissar Kern ihn verfolgt?

Welche Beweise hat der Bäcker für Tomates Schuld?

Wie heißt Stadtrat Pix mit Vornamen?

Welche Tätigkeit übt Tomate am Mittwoch aus?

Mit wem verbringt Tomate die Wochenenden?

Wie möchte Tomate genannt werden?

An was für einem Tag macht Pix Tomate den Vorschlag, im Kinderheim zu arbeiten?

Was baut Tomate hinter dem Kinderheim?

Was merkt Tomate, als ihm am Ende ein Junge einen Apfel anbietet?

Wie lautet der englische Titel des Buches?

____
____
____

Das Tomate-Spiel Ereigniskarten

Als die Kinder einen Räuber hinter Tomate vermuten, erklärst du ihnen, dass die rote Nase nichts beweist. Gut so! Nimm dir eine neue Ereigniskarte.

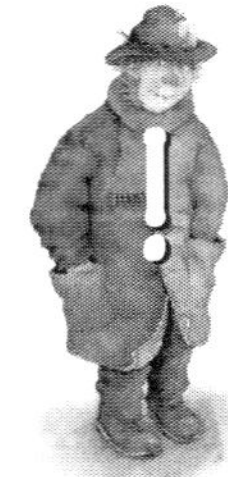

Du hast den Juwelendieb erkannt und beschreibst ihn der Polizei. Sehr gut, denn Tomate wird dadurch entlastet. Würfle nochmals.

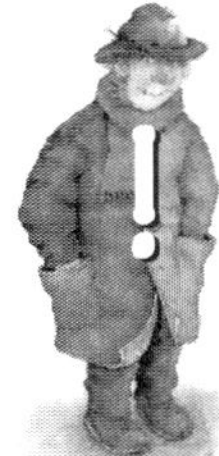

Du erklärst dem Bäcker, dass seine Aussage den Dieb nicht überführt. Das ist mutig! Rücke ein Feld vor.

Du zweifelst an Tomates Schuld und ermahnst die Erwachsenen, mit ihren Vorwürfen vorsichtig zu sein. Rücke auf das nächste Fragezeichenfeld vor.

Als der Banküberfall geschah, war Tomate bei dir. Tomate hat durch dich ein Alibi – super! Geh vor auf das nächste Ereignisfeld und entscheide selbst, ob du eine Karte ziehst oder nicht.

Du findest das vermisste Mädchen auf einem Spielplatz. Dafür darfst du drei Felder vorrücken.

Du hilfst Tomate beim Einzug ins Kinderheim und gehst dafür nicht inlineskaten. Das ist prima – und ein Vorrücken um ein Feld wert.

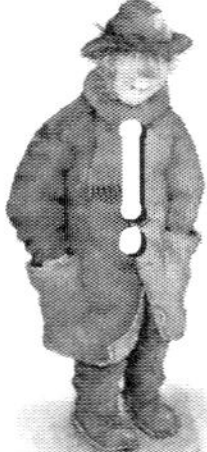

Du sagst Tomate, wie sehr es dich freut, dass er jetzt im Kinderheim arbeitet. Nett von dir. Ziehe eine weitere Ereigniskarte. Achtung: Nicht du, sondern dein rechter Nachbar muss sie befolgen!

Du hast jemandem ein böses Schimpfwort nachgerufen. Dafür musst du einmal aussetzen.

Du ärgerst einen Mitschüler. Weil es dir leidtut, darfst du eine neue Ereigniskarte ziehen.

Du verpetzt Tomate bei der Polizei. Unmöglich! Deshalb musst du den Stein eines Mitspielers um drei Felder vorziehen.

Du streckst Tomate die Zunge raus. Nicht nett! Rücke drei Felder zurück oder ziehe eine neue Ereigniskarte.

Nenne drei Wortverbindungen mit *Rot-* oder *-rot*. Wenn dir dies gelingt, darfst du den Stein des führenden Mitspielers um drei Felder zurücksetzen, falls du nicht selbst ganz vorn bist.

Zähle vier Dinge auf, die auf einem Abenteuerspielplatz nicht fehlen dürfen. Geschafft? Dann darfst du auf das nächste Ereignisfeld vorrücken, ohne eine Karte ziehen zu müssen.

Zähle drei wichtige Personen aus dem Tomate-Buch auf. Kannst du das? Dann darfst du mit einem deiner Mitspieler die Position tauschen, wenn du willst.

Name:

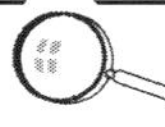

schreiben **lesen** malen **rätseln** singen **suchen**

Die Spur führt nach China

Spurensuche für Spezialisten! Der Ausschnitt unten stammt aus der chinesischen Tomate-Übersetzung.

Findest du die Zeichen 人 und 子 darin? Markiere sie alle.

陌生人來到了公園，孩子們一看到他就大聲叫著：「那個人的鼻子真是好好笑哦，好像紅番茄呀！」

陌生人一聽，連忙用圍巾蓋住鼻子。但孩子們竟然又叫著：「他把臉遮起來了，他一定是個強盜！」說完，大家便一溜煙似的跑走了。

Kreise alle Satzzeichen ein. Gibt es andere Zeichen, die mehr als einmal vorkommen? Markiere sie.

Für Tüftler: Die folgenden Angaben stehen vorn im chinesischen Tomate-Buch. Was könnten sie bedeuten?

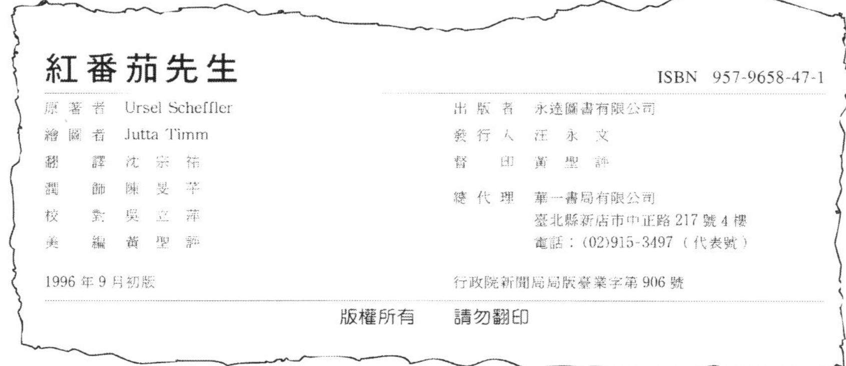

紅番茄先生

ISBN 957-9658-47-1

原著者 Ursel Scheffler
繪圖者 Jutta Timm
翻譯 沈宗祐
潤飾 陳旻苹
校對 吳立萍
美編 黃聖評

出版者 永達圖書有限公司
發行人 汪永文
督印 黃聖評
總代理 華一書局有限公司
臺北縣新店市中正路 217 號 4 樓
電話：(02)915-3497（代表號）

1996 年 9 月初版

行政院新聞局局版臺業字第 906 號

版權所有 請勿翻印

Tipp: Nimm dein Buch zur Hand und sieh dir die ersten Seiten genau an. Dort findest du Hinweise.

Name:

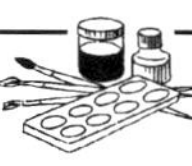

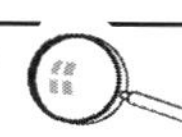

schreiben lesen **malen** rätseln singen suchen

Deine Meinung ist gefragt

Kreuze an, wie dir das Buch „Alle nannten ihn Tomate" gefallen hat, und begründe deine Meinung.

❑ Ich finde das Buch toll.

❑ Mir gefällt das Buch ganz gut.

❑ Das Buch hat mir nicht besonders gefallen.

❑ Ich habe das Buch gar nicht gern gelesen.

Warum?

____

____

Welche Person im Buch findest du besonders interessant?

❑ Tomate

❑ Stadtrat Pix

❑ Kommissar Kern

❑ ____________________

Wieso?

____

____

Zeichne eine Szene aus dem Buch, die dich besonders beeindruckt hat, auf ein Blatt Papier.

Vergleicht eure Bilder und besprecht, warum ihr gerade diese Szene ausgesucht habt.

Name:

Meine Buchempfehlung

Stell dir vor, eine andere Klasse sucht ein Buch als Klassenlektüre. Warum sollte sie „Alle nannten ihn Tomate“ lesen – oder nicht lesen? Beantworte die folgenden Fragen.

Ich finde das Tomate-Buch toll, weil so schöne Bilder drin sind.

Leicht oder schwer? Kreuze an.

- ❑ Das Buch ist leicht zu lesen.
- ❑ Das Buch ist schwierig zu lesen.

Warum? ______________________________

____

An dem Buch hat mir besonders gut gefallen, dass ______________________________

____

An dem Buch hat mir nicht so gut gefallen, dass ______________________________

____

Mein Lieblingsbuch ist ______________________________

von ______________________________

Worum geht es in deinem Lieblingsbuch? ______________________________

Über diese Themen würde ich gern noch mehr lesen: ______________________________

____

____

Ich lese am liebsten Zeitungen!

Sprecht mit eurer Lehrerin: Wollt ihr gemeinsam einen Brief an Ursel Scheffler, die Autorin von „Alle nannten ihn Tomate“, schreiben?